演奏家身体强化训练

[德]亚历山德拉·蒂尔克·埃斯皮塔利耶　著

王敬尧　译

图书在版编目（CIP）数据

演奏家身体强化训练 / [德]亚历山德拉·蒂尔克·埃斯皮塔利耶著；
王敬尧译. – 上海：上海音乐出版社，2022.1
书名原文：Musicians in Motion: 100 Exercises with and without Instrument
ISBN 978-7-5523-2296-5

Ⅰ. 演… Ⅱ. ①亚… ②王… Ⅲ. 身体素质–运动训练 Ⅳ. G808.1
中国版本图书馆 CIP 数据核字（2021）第 218075 号

Musicians in Motion by Alexandra Türk-Espitalier ZZM 35 © 2016 Musikverlag
Zimmermann represented by SCHOTT MUSIC, Mainz - Germany
Chinese Edition © 2019 by Shanghai Music Publishing House

书　　名：演奏家身体强化训练
著　　者：[德]亚历山德拉·蒂尔克·埃斯皮塔利耶
译　　者：王敬尧

出 品 人：费维耀
责任编辑：萧　潇
责任校对：顾韫玉
封面设计：徐思娇
印务总监：李霄云

出版：上海世纪出版集团　上海市闵行区号景路 159 弄　201101
　　　上海音乐出版社　上海市闵行区号景路 159 弄 A 座 6F　201101
网址：www.ewen.co
　　　www.smph.cn
发行：上海音乐出版社
印订：上海华顿书刊印刷有限公司
开本：700×1000　1/16　印张：9　图、文：144 面
2022 年 1 月第 1 版　2022 年 1 月第 1 次印刷
ISBN 978-7-5523-2296-5/J·2107
定价：78.00 元

读者服务热线：(021) 53201888　印装质量热线：(021) 64310542
反盗版热线：(021) 64734302　(021) 53203663
郑重声明：版权所有　翻印必究

前　言

　　柏拉图说过："音乐使宇宙有了魂魄，心灵有了翅膀，想象得以飞翔，使忧伤与欢乐有如醉如痴的力量，使一切事物有了生命；它是秩序的本质，引向成为真、善、美的一切。"音乐是一种给人类带来不可言喻的欢乐的世界语言。通向更高水平的音乐之路，需要日复一日坚持不懈的练习，才能使演奏水平得到不断的提高。

　　追求完美的演奏不仅意味着要在乐器上多花时间，还需要注重个人在演奏时的形体和姿态。健康的身体对于演奏家和演奏起着至关重要的作用。优秀的身体素质和肌肉柔韧度与更流畅的动作会帮助你更轻松地达到最高的演奏水平。

　　本书的练习教程专为音乐演奏者设计。在书中，你会学到多种有效的演奏姿势以预防腰酸背痛，并且能够获得长时间练习的能力。书中的伸展运动会让你的肌肉更加柔韧，以消除演奏时的僵硬感。不仅如此，练习指南和训练计划表能让你更好地合理安排练习时间。因此，患上因过度疲劳而引发的各种综合症及肌肉劳损的风险也将大大降低。

　　本书作者亚历山德拉·蒂尔克·埃斯皮塔利耶博士是名校奥地利维也纳音乐与表演艺术大学的教授。她既是一位音乐生理学专家，又是一位专业的长笛家、理疗师和音乐学家。她以自己的经历阐述了成为世界级音乐家的训练过程以及如何克服演奏中遇到的挑战和困难。

　　《演奏家身体强化训练》是一部精彩且值得阅读的佳作，它力图解决很多音乐家可能还没有十分重视的重要问题。如果你想获得更好的演奏状态，那就不要错过这本好书。

钢琴家　郎朗

"在阅读了《演奏家身体强化训练》之后，我认为这是一本值得推荐的好书。亚历山德拉·蒂尔克·埃斯皮塔利耶在书中所介绍的练习和理念非常多元化，也为我个人的演奏以及教学带来莫大的助益。"

沃尔夫冈·弗拉达尔
圆号演奏家，任教于维也纳爱乐乐团以及维也纳音乐与表演艺术大学

"每当亚历山德拉·蒂尔克·埃斯皮塔利耶在指导我的学生时，音乐和身体之间的连结都变得格外清晰。不仅如此，她的教学方式还能够引导学生更贴近音乐内在的律动。她在教学时总是先聆听学生的诠释，如此一来，她跟学生与我之间便能够产生更多的互动，并激发出令人意想不到的火花。"

威廉·布朗斯
阿姆斯特丹音乐学院钢琴教授

"身体在演奏音乐的过程中有着举足轻重的地位，而个人的体能状态更是直接影响着音乐表现。然而，仍然有许多音乐家对人体的认知不足。值得庆幸的是，过去这几年，探讨音乐演奏相关的生理知识渐渐得到重视，尤其是在年轻一代的音乐家身上可以清楚看见这样的趋势。越来越多的人愿意主动地通过音乐生理学的观念来预防过度疲劳症状的发生，并改善演奏技巧和耐力。亚历山德拉·蒂尔克·埃斯皮塔利耶博士这本著作的出版正是所有人的福祉，在此，我强力推荐它——每一位音乐家书架上都该有的一本好书。"

约亨·布卢姆博士
法兰克福音乐与表演艺术学院音乐生理学音乐医学教授
约翰尼斯·古腾堡·美茵兹大学创伤外科教授
约翰尼斯·古腾堡·美茵兹大学医学院附属医院-沃姆斯医院创伤外科/手外科/重建外科部主任

目　录

前言

第一章　概述
　　概述 8
　　本书目标人群 9
　　本书结构 9
　　关于使用风险以及副作用 10

第二章　成因与习惯
　　成因与习惯 12
　　常见的不良姿势 13
　　从乐器演奏衍生出的特殊挑战 15
　　面对挑战和减轻负担 15
　　练习守则 16
　　训练计划 17

第三章　训练指南
　　如何为自己量身打造一套训练计划 20
　　练习说明 21
　　动力和坚持 25

第四章　练习
　　热身运动 28
　　舒缓运动 30
　　腰椎 32
　　胸椎 45
　　颈椎以及肩颈部位 57
　　肩膀与手臂 64

目 录

　　　　下臂、手腕、手掌以及手指 74
　　　　呼吸 82
　　　　站与坐 88
　　　　训练计划表 94

第五章　**和乐器搭配的实际运用**
　　　　身体与乐器的相互配合 102
　　　　肢体语言与身体感知能力 103
　　　　将身体训练和日常的乐器演奏练习相结合 105
　　　　如何根据自己的乐器挑选适合的练习 106
　　　　改变所带来的不确定感 107
　　　　观察声音的变化 108
　　　　反过来将乐器作为治疗工具 109
　　　　与乐器搭配的练习 110

第六章　**预防**
　　　　预防 126
　　　　行为预防以及条件预防 126
　　　　创造适合的工作环境 127
　　　　日常生活中以及演奏乐器时动作的协调性 128
　　　　用耳朵仔细分辨细微的声音变化 128
　　　　乐器指导老师在预防工作中所扮演的角色 129
　　　　承受负荷较重的身体部位 130
　　　　针对各种乐器演奏者的预防工作 131

附　录
　　　　表演艺术人员和特殊治疗机构相关资讯 139
　　　　关于作者 141
　　　　致谢 142

第一章
概　　述

第一章 概 述

概 述

在音乐家的成长过程中，其演奏乐器的能力往往被视为最重要的环节。然而我们似乎不太重视在演奏乐器时应当具备怎样的身体素质。我们认为让身体适应乐器是理所当然之事，所以我们可以不停歇地练习好几个小时。只有出现肌肉紧绷、过度劳累或者身体酸痛等问题时，我们才会发现，这样演奏乐器为自身的肌肉骨骼系统带来了多少后遗症。

一名技艺高超的音乐家需要具备的职业素养包含诸多方面。其中，演奏乐器的技巧以及诠释音乐的能力占据了相当重要的部分。此外，听力训练、作品分析能力以及音乐史认知也与音乐诠释息息相关。然而，某些如心理健康、意志表现力以及体能素质等看似与音乐没有明显关联的要素，同样对音乐家的职业生涯有着巨大的影响。唯有全方位的培养与锻炼，才能将音乐家的潜能尽可能发挥到极致。

《演奏家身体强化训练》所讲述的内容其实是培养音乐家复杂的过程中的一环，目的是帮助音乐家更舒适放松地演奏乐器。

在这个竞争激烈的时代，我们几乎不可能允许自己在比赛或乐团面试时，将任何变数交由命运主宰。想要在比赛或乐团面试中顺利晋级，却因为第一轮就消耗了太多体力而无法完全展现自己应有的实力，那岂不白白耗费了赛前准备的心血吗？身为音乐家，体能、协调力以及耐力都是不可或缺的。

本书希望能够帮助音乐家在面对音乐表演所带来的身心压力时，能够更精准地调适自己并做好准备。期待本书能够引导读者，运用不同的方法与资源维持或达到健康的身体状况，并呈现最佳的音乐演出。

第一章 概　述

本书目标人群

《演奏家的身体强化训练》是针对所有处于不同学习阶段的器乐演奏者而编著的。不论是职业演奏家，还是音乐爱好者，都可以根据个人需求从书中获益。

如果你——
· 想要改善演奏耐力与表现
· 想要有效预防问题的发生
· 想要避免演奏时出现身体上的困扰
· 想要矫正不良的演奏姿势

本书能够给你提供非常有益的帮助。

主要目标：预防　远离疼痛　更优异的音乐表现

本书结构

《演奏家的身体强化训练》主要着重于实际的练习应用。书中的练习都是笔者在实际工作中根据不同乐器专业演奏者出现的困扰与需求所设计出来的。

第四章的练习呈现顺序按照身体各部位为序，并且还配合不同需求以及时间长度设计出了练习计划表。这些练习在设计时都经过慎重的思考，不需要复杂的器械，而且能够让你穿着平常衣物，在任何场地操作。

你或许会认为，一本写给音乐家的书，却用身体部位来划分练习似乎不太寻常。然而这样的分类方式自有其道理。尽管演奏的乐器不同，但是因生理应激因素而产生的问题都极为相似。例如演奏小提琴与长笛都需要有效运用肩膀部位的肌肉，这两种乐器的演奏者便可以在"肩膀与手臂"章节中找到适合的练习。

第五章会将第四章所介绍的练习与乐器实际结合起来。除此之外，这一章节也将呈现如何运用各种方法来解决与音乐相关的具体问题。希望能够借此让音乐家的演奏能力更上一层楼，并有效处理一些音乐家时常面对却难以定义的难题，例如"放松"或"演奏得更自由"等。

第六章的重点在于预防。在此会列举与音乐演奏相关的压力来源，并介绍一些预防的方式和观念。同时这也能够帮助老师们，培养学生从初学阶段开始就树立健康的演奏观念并掌握正确的方法。

理论

第二章将会探讨理论性的概念，如错误姿势的成因以及压力的来源。第三章则是说明如何正确操作练习，并且介绍练习计划表的设计方式。

《演奏家身体强化训练》提供实操练习，并非医学用书。因此笔者有意避免使用统计数据、医学病征、治疗手法以及解剖学相关的专业医学理论与名词。

关于使用风险以及副作用

注意事项

若你本身有身体困扰或因疾病所造成的体能障碍，请在计划开始训练前寻求专业医师的建议。本书所提供的训练主要针对肌肉系统、肌腱与关节。涉及神经系统的病症，无法或只能有限地因本书获得改善。

只要认真遵循书中指引，就不会因本书所介绍的训练方式而对关节造成损伤。因此，请务必遵照各项练习的指示与注意事项来进行练习，避免因不正确的动作导致身体受伤。

对于可能出现的病症或身体伤害，笔者及出版社无法负责。而本书及其所介绍的练习也无法取代专业医疗或物理治疗。

第二章

成因与习惯

成因与习惯

当音乐家在遇到肌肉骨骼疼痛的困扰时，往往将原因归咎于不良的演奏姿势，或过长的练习时间，有些人甚至认为，演奏乐器本身就是一件对身体有害的事情。对于与乐器演奏相关的身体问题，医生或治疗师给出的意见往往是"少练点儿"或"改行吧"。但是对于热爱演奏的音乐家来说，这样的"建议"显然是不能接受的。而演奏乐器当然也不会对身体健康造成伤害。只要学习如何正确地运用身体，并且针对各个部位进行足够的训练，就能使身体在演奏乐器时承受更高的负荷。

人的体质水平主要取决于下列五个运动素质：力量、灵活度、速度、耐力以及协调性。想要轻松地做出任何身体动作都需要肌肉之间互相平衡，关节运转良好，以及核心足够稳定，才能轻松活动。五项元素中缺少任何一项，都会迫使身体耗费更多的能量。而这将使得高难度的协调动作——例如演奏快速的技巧乐段——更难达到目标速度。若是习惯以不良而且费力的身体姿势演奏，长时间下来将导致肌肉紧绷、疼痛，甚至对韧带、肌腱以及软骨造成伤害。要知道，人体只有在所有组织功能良好的条件下才能理想地运作。

现代人生活中习惯长时间久坐，导致一连串的不良姿势，包括肩膀前缩，弯腰驼背和头部前倾，连同核心力度不足以及紧绷的颈部肌肉，再加上缺乏运动，这一切都成了肌肉不平衡以及关节移位的最主要原因。许多人日复一日，习惯了这些错误的姿势并对于身体发出的各种警告浑然不觉。然而这样的身体状况无法达到演奏乐器时的体能要求。一旦身体状况不够理想，演奏乐器就会对身体造成负担。

若想更有效地训练身体与演奏乐器，找到肌肉失衡、关节移位等症状的根源至关重要。唯有从根本上解决这些问题，才能够将负面的"负担"转化为正面的"挑战"，并让我们有动力一一克服这些困难。

与人体运动系统相关的症状出自于下列两种状况：

- 常规的不良姿势
- 身体无法达到演奏乐器时所需要的特殊体能要求

大多数人在上述两个方面都有改善的空间，也就是说日常基本体态以及乐器相关的体能条件皆有不足。如果只关注与乐器相关的特定练习而忽略了基本的体能练习，就无法达到最佳的训练效果，反之亦然。

常见的不良姿势

用自己最放松自然的方式站在全身镜前，但不要马上开始矫正自己的姿势。不要急着对自己的姿势下定论，花一点时间仔细观察分析镜子中的自己。也可以请一位好朋友在旁观察。

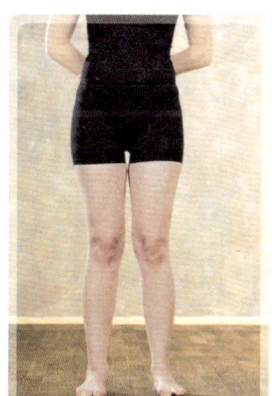

你也许会在自己身上发现下列现象：

- 骨盆前倾/腰椎前凸
- 驼背
- 肩膀高低不平，或向前缩
- 头部倾斜或扭转
- 下巴前推
- 三七步（双脚承重分配不平衡）
- 膝盖超伸
- 足弓塌陷
- 掌心向后翻转

矫正

在察觉自身姿势的问题后，许多人的第一反应是立即开始针对所有的问题做矫正。然而身体长年习惯的姿势以及动作形态是无法在一夕之间通过意志力改变的。这样的尝试反而会造成更严重的肌肉紧绷，并让身体做出僵硬且不协调的动作。给身体组织足够的时间，通过持续不断的耐心练习来让身体渐渐习惯新的姿势。

为了达到最佳的训练效果，最好先选择一个最迫切想要改变的身体部位，循序渐进地进行纠正。请从第四章中选出合适的练习，并定期练习，同时在日常生活中尽量避免旧的动作模式出现。身体的感知能力此时格外重要，毕竟我们不可能无时无刻地在镜子前检查自己的每一个动作。试着在日常生活中感知身体各个部位的动作，比如背部肌肉在身体过度紧绷时如何反应，或站立时头部前倾给颈部造成了怎样的压力。如此一来，便可以培养出更细微的对自己身体的感知与观察能力，并借此慢慢地改变身体原来的习惯与动作模式。

察觉不良的习惯并改正

从乐器演奏衍生出的特殊挑战

与演奏乐器相关的挑战源自于不同的生理和心理因素。两者都会使我们的身体在演奏乐器时承受一定负担。

生理因素：
- 向某一侧偏移，不对称的姿势
- 手持着乐器所耗费的高强度静态肌肉负重
- 精细复杂的动作
- 不断重复的动作
- 长时间练习、排练
- 不符合人体工程学的环境

心理因素：
- 忽略身体预警（尽管很累仍然持续练习乐器演奏）
- 练习过程中的间断休息不足
- 过度容忍疼痛或身体不适
- 焦虑造成的肌肉紧绷
- 时间压力和竞争压力
- 追求完美

每个单一因素都有可能（不一定必然）导致演奏乐器相关的问题。较常见的状况是多种因素综合造成的一系列影响，而每个人遇到的困难常常取决于不同的个人特质。

面对挑战和减轻负担

有些与乐器相关的因素是我们很难改变的，例如某些乐器本身不对称的演奏姿势的要求，演奏时对于基本的肌肉负重以及细微的力度控制力的要求。也不是每一位音乐家都能够决定乐团彩排表、排练时数以及演出曲目。但是仍然有许多和演奏相关的因素是掌握在我们手中的，例如练习演奏乐器的方式、体能的维持以及处理压力和紧张的方法。

前文中提到如何改进自己的日常身体姿势带来改变，同样，我们在练习乐器演奏时也应该尽可能地培养出好习惯。通过分析自己的练习计划，找出可以自己调整改变的部分，便可以将负担最小化并以更成熟的方式面对其余的挑战。

练 习 守 则

- 练习/演奏前热身
- 创造符合人体工学的环境（准备好椅子、谱架、肩垫等）
- 避免在温度过低的琴房练习
- 用正确的、对身体而言相对轻松的姿势练习，并改掉费力紧张的姿势
- 尽量保持移动状态，不要太久地停留在单一姿势
- 每练习三十分钟，休息五到十分钟
- 休息时放下乐器，活动、舒展一下筋骨
- 不要对同一个问题钻太久牛角尖
- 在做需要多次反复同样动作的练习时，每五分钟休息一分钟
- 弹性地规划练习时数
- 广泛地挑选曲目
- 把技巧难度大的曲目安排在练习时段的中间
- 学习如何用想象力练习并节省体力
- 练习要持续（乐季/学期与假期的衔接）
- 不要突然提高练习时数（音乐会/考试前）
- 练习后花点时间舒缓、伸展身体
- 学习放松技巧来克服紧张
- 坚持体能练习，尤其是具有预防功效的练习
- 多做运动（增强心肺功能）来提升耐力
- 学习建立身体对疲惫的感受力并注意不要忽略身体的警讯
- 出现疼痛症状时"立刻"停止练习

训练计划

一个切实有效的训练计划应该涵盖以下几个要点：

- 改善基本姿势的练习
- 针对乐器演奏相关体能需求的练习
- 找出并解决日常的姿势问题
- 改正练习演奏乐器时的不良习惯

要真正地达到训练的效果，首先要改变自己原来的习惯。若是在每次定期训练之后，又用原先的动作模式和不良姿势演奏乐器，那么训练的效果终将有限。因此，避免错误的动作模式并将新学到的动作模式带入日常生活，是非常重要的。这个过程虽然会花费一些时日，却能够为自己带来许多新的体验。不良的动作模式往往是多年累积而成的，因此，需要给身体更多时间来适应新的且协调度良好的动作模式。

带入生活

依循上述四个要点，每个人都可以通过第三章中介绍的方式，设计出一套满足自己需求的训练计划。根据个人的状况与条件，可以自行调整重点与方向。举例来说，力气较大却对于自身动作习惯缺乏感受力的人，需要花更多时间建立感知细微身体变化的能力。先天力气较小的人，则需要将训练计划着重放在增强力量上。

个性化训练

随着时间变化，训练的重点也会跟着转移。建议依据实际情况对练习计划进行弹性调整和设计，以免因为一直重复同样的练习而造成身心疲乏。

第三章

训练指南

如何为自己量身打造一套训练计划

本书所介绍的练习可分为四种不同的类型，并以四种不同颜色的底线标示：灵活度练习、力量练习、拉伸练习、协调性练习。

三种练习方式

- 乐器演奏过程中穿插的身体素质练习
- 配合乐器演奏的练习
- 在非练习乐器演奏的时间进行的体能训练

拉伸练习、协调性练习与灵活度练习较适合前两种方式，力量练习则比较适合后一种方式。

训练计划范例：

这个计划表是以两个小时为基准所设计的，其中一个半小时是纯粹的练习乐器演奏时间。若需要更长的时间，可以将练习乐器演奏—短暂休息的模式重复下去。

·热身	5—10分钟
·练习乐器演奏	30分钟
·短暂休息（拉伸练习，灵活度练习）	5分钟
·练习乐器演奏	30分钟
·短暂休息（拉伸练习，灵活度练习）	5分钟
·和乐器演奏搭配做协调练习	10分钟
·练习乐器演奏	30分钟
·舒缓运动（拉伸练习）	5分钟

而在乐器演奏的固定练习时间之外，力量以及心肺功能的增强训练也相当重要。建议以交替穿插的方式规划练习，例如：周一、周三、周五做20—30分钟的力量练习，周二、周四、周六、周日做30—40分钟有氧运动。

第三章 训练指南

训练时间和强度取决于个人的生活习惯。每天骑自行车的人自然会比习惯长时间久坐的人有更好的心肺功能。由于本书重点并不在于有氧运动，所以书中并未特别介绍各类有氧运动。有氧运动种类繁多，可以从中找到最适合自己的运动方式，例如游泳、慢跑或骑自行车，并将其列入训练计划。尽量选择自己喜欢的运动方式，这有助于保证训练的持续性。

练 习 说 明

灵活度练习

灵活度练习适合在早上或开始练习乐器演奏前为身体做准备。除此之外，这类练习也可以在练习乐器演奏过程中的休息时间进行，以达到放松身体的效果，同时还能加速血液循环并为身体各组织提供更多的氧气，进而增加肌肉灵活度来降低受到伤害的风险。

在进行灵活度练习时无需太在意动作的重复次数，而要注意使每个动作都能够自然流畅。每组练习不间断重复1—3分钟。

力量练习

力量练习旨在增强肌肉的力量并改善身体组织的血液循环。在决定练习重量以及重复次数时，应遵守"费力，但不筋疲力尽"的原则。在练习后的第二天，若能感到肌肉轻微疲惫，表示练习的强度是适当的。要是隔天手臂几乎无法正常举起或毫无任何疲惫感，则应该调整练习强度。

小贴士：不要在练习乐器演奏的过程中做力量练习，音乐会前更要避免这类练习。在力量练习之后，肌肉处于疲惫且不协调的状态，并不适合演奏乐器。最好在练习乐器演奏之外的时间或近期没有音乐会演出的情况下进行这些练习。

在进行力量练习时，可以先从3组15次重复开始。接着渐渐调整为3组20次或3组25次。在训练时要有规律地深呼吸，用力时吐气，放松时吸气。

小贴士：在增加训练强度时应该先从增加重复次数开始，等到3组25次能够较为轻松地完成时，再增加重量。

为了能够有效地增强身体组织架构，偶尔也需要让身体接受更大训练强度的刺激。建议一年当中2—3次增加训练重量，并降低重复次数至1—5次。训练重量的增加会促进神经传导并促使肌肉更有效率地运作。将这部分的训练安排在一年当中音乐会较少的时段，例如暑假。

小贴士：肌肉在经过刺激后需要时间恢复，一般情况下，休息一天就足够。休息时间不足或过长，都可能造成反效果。若是想要同时训练多个不同的身体部位，可以设计两套20—30分钟的练习计划并交替训练。

力量练习和所有的其他练习一样，都只适合在身体各部位状况良好且相互协调的条件下进行。肌肉关节运作障碍的典型症状之一是"代偿动作"[1]。若是让状况不佳的身体部位负荷过重，很有可能会导致肌肉或关节受伤。如果无法判断或已经知道自己身体有过结构性伤害，请务必在开始进行力量练习之前向医生或物理治疗师进行专业咨询，了解自身的负荷程度。

拉伸练习

拉伸练习的主要目的在于促进身体中的氧气交换，并改善各组织的弹性。过多的肌肉张力会导致姿态不良，肌肉失衡，甚至关节移位。若要改善肌肉僵硬的症状并扩大身体各部位的活动范围，就需要针对紧绷的肌肉做拉伸练习。

小贴士：肌肉伸展度与练习的时间、体温以及肌肉疲劳程度都有关系。因此，在没有热身的情况下，不要拉伸到最极限的强度。在练习乐器演奏前后做适度的拉伸即可。

---

[1] 译注：由于身体某处力量不足而导致其他部位肌群代替强度不足的肌肉出力的现象

找到一个安全稳定的起始姿势以便控制动作，接着，慢慢开始做拉伸动作直到身体感觉到第一道"障碍"。拉伸到这个程度时，会出现轻微的阻力，将身体维持在这个拉伸位置并保持稳定的呼吸。在这个位置停留8—10个呼吸，接着再从停止的位置出发，继续伸展一些，并在新的拉伸位置上再停留8—10个呼吸。最后慢慢吐气并舒缓地将身体回到起始位置。

小贴士：进行拉伸练习时必须保持稳定，动作必须极为细致轻柔。不要过于剧烈地拉伸或抖动，以避免拉伤。

建议每个拉伸练习每天重复2—3次。若是能力许可，每天重复3—4次。

小贴士：在进行拉伸练习要格外有耐心。静态的拉伸练习需要每天进行2—3次并持续数星期乃至数月，中断几天就会造成很明显的退步。因此持之以恒非常重要。

协调性练习

身为音乐家，我们对于演奏乐器时特有的协调性动作习以为常，却很少注意一般的全身协调性动作。然而全身的协调性动作对于身体学习能力的影响更为重要。改善全身的协调能力，能够促进肌肉神经传导，从而进一步地提升乐器演奏的技巧。

协调性运动看起来很好玩，但绝对比想象中费神费力。因此，不要在疲累时进行这类练习，并且每5分钟休息一次或变换为别的练习。

最好将配合乐器演奏进行的协调性练习安排在练习乐器演奏过程的正中间，和手指技巧要求较高的乐段或高难度的练习曲一起练习。

无乐器协调性练习则可以安排在日常生活中任何时间。善用多样的训练方式探索自己练习的可能性。在平衡板上练习平衡站立、闭眼倒退走、拍球、耍杂技和骑单轮车等都是很好的协调性练习。

自我检视

想要从练习中获得收益并避免受伤，必须避免代偿动作，并在进行各个练习的过程中察觉常见错误。一般来说，代偿动作出现的几率还是很高的。

在练习的过程中，试着通过以下几点来检视自己：

- 站着/坐着时身体能否提供足够支撑？
- 背部是否自然，平衡（没有驼背或过度挺直）？
- 核心肌群运作是否正常（腹部、背部以及骨盆底部肌肉）？
- 头部是否处在脊柱顶端的延长线上？
- 双肩肩胛骨是否呈向后/向下的状态（不耸肩）？
- 身体重量是否平均分配在双脚上？
- 站着静止不动时膝盖是否能够自由活动（膝盖不超伸）？
- 呼吸是否够深，够规律？
- 身体动作是否流畅，准确？
- 所做动作是否达到身体部位训练的目的？

书中的所有练习基本上都可以一个人单独操作，然而在此必须强调，书本是无法取代老师的。尤其是涉及身体训练和感知能力的领域，文字描述只能作为引导和补充专业指导的工具。许多错误是无法单纯通过书本而被纠正的，特别是那些我们无法看到的身体部位，其练习更需要依赖老师或治疗师的专业指导。因此建议预约1—2次治疗师的课程，并在治疗师的专业引导下学习正确练习的方式，以便自行在家练习时能够确实训练到应该训练的身体部位。第五章和乐器演奏一起进行的练习如果有人从旁协助也会容易许多，建议找乐器专业课老师或能够分辨声音细微变化的同学/音乐家帮忙。

动力和坚持

不实操，无收益。不过，我们一定都经历过缺乏动力练习的阶段。在依据本书的训练计划进行时也可能会遇到类似的状况。为了尽可能地避免此类情况发生，本书介绍的练习非常多样，以帮助你设计自己专属的训练计划。你不但能够针对自身问题进行练习，也能按照不同的身心状况弹性调整训练内容，或者在倦怠期暂时做一些简单的练习，几个星期后再重新恢复难度。

尽管极度缺乏动力，也不要完全放弃练习！彻底休息一段时间之后再从头开始是非常辛苦的事。此时不妨进行一些比较有趣或轻松的练习来维持训练的持续性。

第四章
练　　习

热身运动

　　在每一次开始训练之前，必须先让身体为训练将要带来的负荷做好准备。

　　热身运动能够促进血液循环，并使关节滑液的分配更为平均，这样不但能减少受伤的风险，也能提高肌肉的灵敏度，使身体动作更为流畅协调。

　　除此之外，身体也能够借着热身运动获得更充分的"心理准备"。热身运动能够唤醒脑部和肌肉之间的连结，我们的思维能够更迅速地转换成动作。

　　在热身运动时注意保持动作的流畅度，不要勉强自己的身体局限于某个动作，保持呼吸均匀。

在练习乐器演奏前，先放下乐器做5—10分钟的热身运动

合适的热身运动有：

- 本书所介绍的所有灵活度练习
- 简单的伸展动作
- 接下来所介绍的练习

绕环放松练习

　　这是一个简单但相当有效的练习，能够快速缓解肩膀的紧绷状况并增加灵活度。用脚踝关节、手腕、肩膀各自以8次为一组向不同方向（顺/逆时针，向前/后）绕圈。

拉伸练习

　　将手臂尽可能地向天花板伸展，左右手轮流向天花板拉伸，每只手各5次。

配合呼吸的拉伸练习

双手向上伸直，脚尖踮起，上半身向右扭转并深吸一口气。接着慢慢吐气，随着吐气将上半身重新回正，双手放下。

配合呼吸的侧弯练习

吸一口气，右手由侧面举过头顶，接着吐气，同时将举起的右手及上半身向左弯曲。重新吸气，身体回正。吐气，同时将手慢慢放下。重复3次后换边。

配合呼吸的前弯练习

吸一口气，双手向上伸直，脚尖踮起。接着慢慢吐气，同时身体向前弯下，脚跟自然落地，双臂放松自然下垂。重新吸气。慢慢吐气，同时将脊椎一节节向上拉起，身体随脊椎慢慢回到直立状态。在下一次吸气时双手向上伸直，重复操作此练习。重复3次。

舒 缓 运 动

舒缓运动的目的在于帮助身体各组织的恢复。舒缓运动能够使肌肉放松，充分促进血液循环。而我们的心绪也能借由舒缓运动从高度专注的训练或排练中恢复到日常生活的状态。

每一次舒缓运动都是在为身体下一次承受负荷做准备

连贯的全身运动或简单的拉伸练习这类低强度的运动都是很合适的舒缓运动。在做舒缓运动时，呼吸保持平稳且放松可以为身体带来足够的氧气。

配合乐器进行的舒缓运动

在练习乐器演奏结束之后，不要直接将乐器收起放进乐器盒里。演奏一段简易的旋律或一首简单的曲子，维持中强的音量，手臂和手指尽可能地放松轻柔。

绕环练习

双脚与肩同宽站立，双手交握向上翻，举过头顶。将身体由腰部向后弯曲，并在此姿势停留10秒。接着将身体向左、向后、向前、向右移动，每个位置停留10秒并保持呼吸均匀。每个方向（顺/逆时针）重复2次。

小贴士：若下背部有问题，请避免此类练习。

拉伸练习

基本上,所有的拉伸练习都可作为舒缓运动。可以从下面所介绍的练习中自行挑选适合的拉伸练习。做舒缓运动的拉伸练习时,由于之前的练习使得肌肉已处于疲惫状态,所以不要勉强将身体带向极限的拉伸位置。

包裹式

双脚并拢跪坐在地上,脚背贴地,身体向前下弯,额头碰触地面,双手向后置于双脚两侧,手背贴地。保持这个姿势10分钟,让身体完全放松。

小贴士: 如膝盖有不适感,建议缩短停留时间或跳过这个练习。

仰卧拉伸练习

仰卧在地上,将膝盖弯起,双脚平放,脚掌触地。感觉下背部完全平整紧贴地面。停留一段时间后将左腿缓缓向下滑动伸直。稍做停留后,将右脚以同样方式缓缓向下滑动伸直,感觉双腿和整个背部保持延展,以放松的状态紧贴着地面。先后将手臂与腿微微向内—向外转动,同时注意不要改变身体重心以及贴地的面积。最后平静放松地保持这个姿势几分钟。

腰　椎

腰椎—下背部的状态与骨盆位置及髋关节动作有直接的连结。作为人体结构中最重要的枢纽部件，髋关节必须要自由且灵活地运作。然而，许多人对此认知不足，从而导致一系列的腰椎问题产生，常见的有骨盆前倾、腰部肌肉紧张、腹部肌肉力量薄弱。造成这些问题的原因主要有两点，一是行走时腰部关节使用不足，二是缺乏将骨盆摆正的能力，这会导致脊柱前凸，并使脊椎无法达到原有的长度。

这类症状所衍生的后果对身体造成的影响包括：
- 腰椎面关节负担加重
- 椎间盘负担加重
- 竖脊肌紧绷、缩短
- 腹力度量减弱
- 腰大肌缩短

接下来所介绍的练习，重点在于放松缩短的肌群，加强腹力量，并学习如何找到骨盆正确的位置。

灵活度练习

膝盖落地练习

仰卧在地上，双膝弯起与肩同宽，双脚平放地面。接着，双膝盖轮流向左—向右落下。

骨盆摆动练习

　　仰卧在地上，双膝弯起与肩同宽，双脚平放地面。接着将腰部抬离地面，与地面成一道拱形，再借助重力让下背部落回地面。

小贴士：不要用腹肌的力量把下背部往地面上压。试着通过反复练习，让身体学会如何利用重力以及身体自重来达到放松腰椎的效果。

第四章 练习·腰椎

垂挂练习

坐在一张板凳上,上半身自然放松向前下垂,双手自然落在双脚两侧,下背部尽可能成圆拱状。保持上半身的状态,并利用腿部的力量离开板凳,注意背部保持不动。接着慢慢将脊椎一节节地向上拉伸,让身体回到直立状态。

错误

小贴士: 从板凳上起身的瞬间,将注意力集中在下背部,注意不要让腰椎向前"伸"(下背部的圆拱形状不要塌陷)。

力量与稳定性练习

核心稳定性练习

起始姿势：仰卧在地上，将膝盖弯起，双脚平放于地面。肚脐向内收，感觉肚脐和耻骨之间距离缩短。接着将一只脚保持弯曲的状态慢慢抬起，并停在空中，再将另一只脚以同样方式抬起。抬脚过程中将注意力集中在腹部，腹部不可向外凸出。双脚在空中停留5—7个呼吸后分别放下。反复3—5次。

小贴士：做这个练习时，全程保持腹部的张力非常重要，可以借助于收紧盆底肌来达到目的。另外，试着保持呼吸均匀，腹部制造张力时会感觉胸式呼吸的位置微微向上移动至胸腔两侧。

弹力带辅助的腹肌练习

起始姿势与前一页的核心稳定性练习相同。在开始练习前,将弹力带固定在头部后方,躺在地上做出起始姿势。大臂平贴于地面,与身体呈90度,两手将弹力带微微拉紧。接着按前一页所述的方式开始进行核心张力练习。双脚抬起后,将头和肩颈微微带离地面,并用双手将弹力带拉向脚的方向。配合呼吸,吐气时手拉紧,吸气时微微放松。练习过程中注意保持腹部深处的核心张力。做3组每组重复15次。

变式练习:双手拉住弹力带,右手向左膝方向拉/左手向右膝方向拉。可以用这个练习锻炼侧腹肌。

对角伸展练习

做出核心稳定性练习的起始姿势，并将双脚抬起，双手向天花板举起伸直。接着将左手保持伸直状态朝向抬起的右膝盖降下，直到碰到右膝盖为止。停留在这个姿势上，保持左手与右膝盖互相顶住，接着左腿向前落下同时，右手向后伸直落下。练习过程中必须保持腹部深处的核心张力，并且要避免一开始平贴地面的背部被手脚的动作从地面带离。

小贴士：不要太执着于手脚是否能够完全下降到地面。本组练习的重点在于学习用腹部肌肉的力量来稳定下背部。在维持腹部和下背部状态的前提下将手脚下降到自己的极限位置即可。

船式

坐在地上，将膝盖弯起，双脚平放于地面，感觉身体"坐"在两边坐骨上。双手放在身体后方地上，指尖朝向前方。脊椎自然拉长。接着参照"核心稳定性练习"激活盆低肌和腹横肌，并将双脚慢慢从地面抬起，直到小腿和地面平行为止。

在练习一段时间，直到腹肌及背肌达到足够的强度之后，可以试着在双脚离地后，将双手也带离地面，与地面平行向前伸直。

小贴士：做练习时不要"滚"到坐骨后方，保持背部拉直，并感觉头是脊椎向上延伸的一部分。

全身稳定性练习

　　跪坐在地上，身体向前下弯，臀部抬起使大腿垂直于地面，并用拳头、手掌或手肘支撑在地板上。接着，收紧腹部肌肉，并以十只脚趾撑地，将双腿膝盖微微抬离地面（最多两公分），背部保持不动。保持这个姿势5—10个呼吸，并让呼吸均匀。

　　变式练习：可以试着在保持腹部肌肉收紧的状态下，用双脚在原地踏步。

拉 伸 练 习

三角拉伸练习

双脚与肩同宽站立,身体微微弯向左侧,左手沿着大腿外侧尽量向下拉伸,右手朝向天花板向上伸直。双眼直视前方。保持这个姿势20—30秒,感觉呼吸时将气吸进身体被拉开的那一侧。换边。每边重复2次。

腹股沟拉伸练习

单膝跪地，腹部稍微向内收。骨盆向前推，并尽可能拉长下背部。保持这个姿势，并试着将骨盆向前平移，感觉腹部和大腿接界处的肌肉被拉伸。保持拉伸20—30秒，换边，一边重复做2次。

变式练习：坐在凳子边缘，将一只脚向后伸，并试着在这个姿势里将骨盆调整至正中位。上身微微前倾，保持后背挺直。

合脚蹲

双膝并拢或稍微张开，蹲下，脚跟保持贴地。感觉重力将骨盆向下拉，并带动下背部肌肉拉伸。若是张开双膝进行此练习，也可以用手肘将双膝向外推，借此拉伸内收肌和腰部深层肌肉。

变式练习：若是做起来太过困难，可以使脚跟微微抬离地面，或用手扶住门框作为辅助。

感知能力与协调能力练习

向上拉伸练习

坐在凳子上，完全放松，仿佛身体一点力气也没有，让背部自然垮下。接着由身体内部中心点开始，感觉脊椎一节节地慢慢向上带起身体。集中注意力在身体内部脊椎的向上拉伸上，而不要用身体的其他力量将身体拉起。让脊椎将身体带回端正的坐姿。这个练习是为了帮助身体找到一个自然、端正但不矫枉过正的坐姿。最终形成的坐姿应是一个端正且放松的姿势。

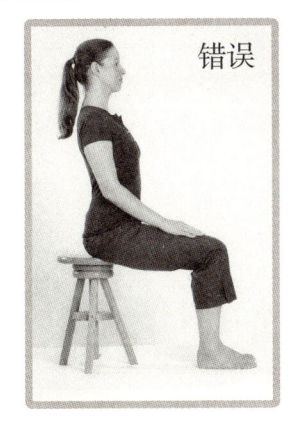

错误

浅蹲练习

双脚与肩同宽站立,双手合十,向上伸直手臂,将双手举高到头顶上方。接着双膝微弯,感觉尾骨朝地面方向下沉,并带动下背部的拉伸与放松。试着在这个姿势中体会脊椎两端被拉开的感觉。

胸　椎

　　胸椎，即上背部，本身带有自然的弯曲度。然而，不佳的姿势会使原有的自然曲度加深或减少。曲度过大会造成明显的驼背，曲度不足则易导致身体太过于挺直僵硬。进行胸椎练习前，先观察自己的胸椎属于上述哪一种情况。加强练习制衡自己胸椎倾向的动作，并避开那些会加深原有倾向的练习。

　　如果驼背的倾向较为明显，就要多做能够帮助拉伸的练习。如果感觉胸椎倾向曲度不足，则需多做加强动作的流畅度和灵活度的练习。

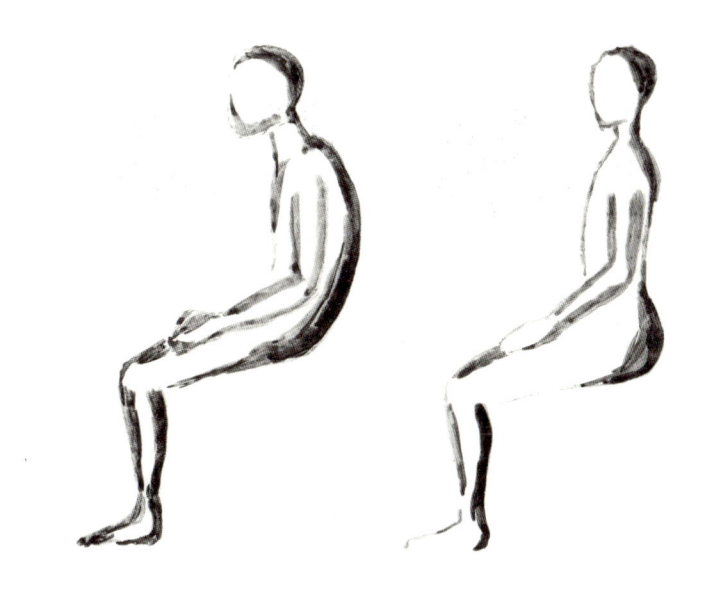

　　针对肩胛骨稳定性所设计的练习则适合任何背部状态。胸椎曲度不足的人通常会在这里遇到较大障碍，建议加强这部分的练习。

　　如果练习中没有特别标记，则表示两种曲度倾向都适用。

灵活度练习

弯曲与拉伸练习

跪坐在地上,上身前曲,背部拱起,头部向下,额头轻触地面。双手向后伸直,手心向下放置在身体两侧的地面上。接着,试着将背部弯曲—拉直,交替往复并根据个人情况在需要加强的部分进行强化练习(驼背:加强拉伸练习/曲度不足:加强弯曲练习)。

胸椎扭转练习(一)

双膝跪地,上身前曲,臀部抬起使大腿垂直于地面,并用手掌或拳头支撑于地面。接着,右手穿过左臂下方,感受胸椎的扭转。在此过程中,骨盆、腰椎和左肩尽可能保持稳定。然后换边。

胸椎扭转练习（二）

　　跪坐在地上，上身前曲，背部拱起，头部向下，额头轻触地面，双手向后伸直，手心向下放置在身体两侧，上背部呈圆拱状。接着，胸椎转向左侧，带动左手尽可能朝向天花板扭转。然后换边。

背部扭转练习

　　仰卧在地板上，双膝往胸口方向抬起，双手向天花板举起。接着双脚向左，双手向右，同时落下，手脚以流畅的节奏按相反的方向来回摆动。

力量练习

针对驼背的练习

双臂平举练习

单膝跪地（右膝跪地，左脚立于身体前方），双手各拿一个重量适中的物品（哑铃或水瓶，重约1—2公斤即可）。上身向前倾，并试着挺直上背部。接着手肘微弯，手臂向两侧举起，同时将身体以脊椎为中心向左转动，胸骨向左/向前/向上移动。向左转动，重复做3组，每组15次，转动时注意保持背部挺直。

换边（左膝跪地，右脚立于身体前方），向右转动，重复做3组，每组15次。

小贴士：做这个练习时，要保持上背部稳定，但注意不要将两边肩胛骨过度朝脊椎方向收紧。

弹力带辅助的挺胸练习

将弹力带固定在门把或稳定的支撑物上。双手分别拉住弹力带的两端，身体面对门或支撑物站立。试着将身体重心慢慢移到右脚，注意骨盆右侧保持稳定，左脚以预备踏步的姿势微微踮起。接着将上半身向左转动，胸椎拉伸挺直。左手保持伸直的状态并随着上半身转动将弹力带向左/向后/向外拉。转动时右手向前微微放松，但不要将弹力带的张力完全放掉。和前一个练习一样，胸骨在每次拉伸挺直和转动都保持向左/向前/向上的位置。

若很难协调手臂和上背部的动作，可以试着想象平常走路的感觉。这个练习的动作模式和走路相似，同时能够拉伸胸椎并改善其灵活度。

重复3组，每组15次。然后换脚换边。

小贴士：身体的转动必须由脊椎带动，不要过度使用手臂或肩胛骨的力量将弹力带向后拉扯。骨盆保持稳定。

力 量 练 习

针对胸椎弯度不足的练习

对于音乐家来说,保持肩胛骨稳定且灵活地贴近胸腔的状态是一件非常重要的事。演奏很多乐器时,都要求双手和手臂长时间保持同一个姿势,这就需要肩胛骨要像锚一样做拱起的动作,以提供稳定的支撑。肩胛骨是由肌肉固定在胸腔上的,这些肌肉又被称作肩胛骨稳定肌群。而只有在肩胛骨稳定地固定在胸腔上,并仍然保有活动自由度的状态下,双手和手臂之间才能达到最佳的协调状态。如果肩胛骨位置不佳又不够稳固,双手和下臂则必然费力更多,演奏乐器时在速度、灵巧度和耐力方面遇到的困难也更多。

接下来的练习会极大地挑战练习者的协调性,因为肩胛骨完全处于我们视线范围之外。做这些练习时,无法通过视觉来自查,而必须依赖身体感知能力以及对动作的想象。当然,时不时请一位旁观者来观察并纠正自己的肩胛骨位置也会有帮助。练习时请注意以下几点:

- 肩胛骨不可突出
- 在肩胛骨和脊椎之间不应该产生挤压皱褶
- 不要将肩胛骨向脊椎方向挤压,应该想象肩胛骨向后/向下/向外移动
- 接下来的练习按由易到难的程度排列,请在确定已经找到能够将肩胛骨固定在最佳位置的方法后,再进行较为困难的练习。

手肘推移练习

　　侧身坐在桌子旁边，下臂平贴在桌上，手肘位置稍前于肩关节一点。接着将下臂贴着桌面向外移，移动时手臂和肩膀不可抬起。如果动作正确，应该会感觉肩膀稍稍向下移动。练习过程中要避免肩膀内缩。

　　分别针对两边的肩胛骨做此练习，直至能清楚地感觉到肩胛骨的移动和位置。

侧身扶墙练习

　　侧身站立在墙边，肩胛骨保持向后/向下/向外的固定状态，右手扶住墙面，手肘微弯。接着身体慢慢向墙的方向右转，同时保持手和肩胛骨的位置不变。转动角度越大，保持肩胛骨贴近胸腔的位置就会越难，因此转动幅度不要过大，以保持肩胛骨在理想位置的角度为准。

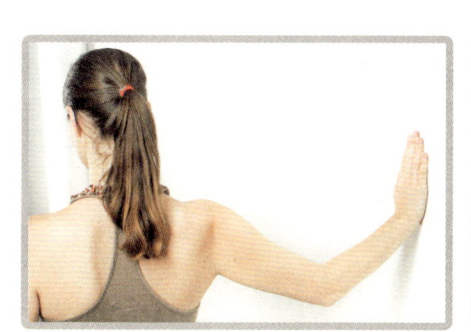

　　若动作正确，应该会有右肩被吸入肩胛骨的感觉。

正面扶墙练习

正面对墙站立，双手扶住墙面稍微高于肩膀。两边肩胛骨保持向后/向下/向外的固定位置。将身体重量逐渐施加到墙面上，同时注意保持肩胛骨的固定位置。

四肢支撑练习

双膝跪地，上身前倾并以双手支撑。确认肩胛骨保持贴近胸腔的状态（向后/向下/向外）。接着将双手承受的重量慢慢移到其中一边，并注意让承受重量那一边的肩胛骨位置保持不变。熟练此练习之后，可以更进一步，在进行此练习的同时，将没有承受重量的手以及对角线那一侧的膝盖从地板抬起。

错误

小贴士：手脚离地的高度不是重点。此练习的目的在于单边肩膀与肩胛骨的稳定度。练习时注意保持下背部和骨盆的稳定。

拉 伸 练 习

胸大肌拉伸练习

站在门框中，或侧身站在墙边。右手下臂平贴住门框或墙面，肩与肘同高，下臂和上臂成90度。往前跨一小步，拉伸右胸上缘肌肉。保持此姿势30秒，并换边。每边重复两次。

变式练习：通过改变上臂和肩膀间的角度，可以拉伸另外两个部位的肌肉。

45度：锁骨附近肌肉群的拉伸

135度：胸部下缘肌肉的拉伸

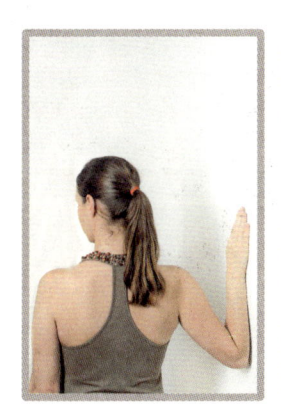

小贴士：做此练习时注意骨盆不要跟着转动，并避免腰椎前凸。

扭转拉伸练习

　　侧身躺下，双脚双手各自交叠向身体前方伸直，并与躯干呈90度（U字形）。接着将叠在上面的那只手带向天花板，在空中画一个半圆后放到身体另一侧的地板上，头部随着扭转动作面向天花板。如果还无法将手完全带向地面，可以在手臂下放一个枕头来缩小距离。

　　做此练习时不应出现身体不适的感觉。扭转拉伸时应该感到自然舒适，并且能让身体轻松保持拉伸的姿势10分钟。

　　然后换边。

小贴士：做此练习时，上方的那只脚应该和下方的脚保持交叠的状态，不可以因上身扭转动作的带动而改变位置。

感知能力与协调能力练习

重心练习

坐在凳子上。将一条腿抬起，双臂伸直，抱住膝盖。接着挺直上背部，并将肩胛骨向后/向下/向外固定，同时注意让胸骨向前/向上。以坐骨为支点慢慢前后摆动，同时注意保持上背部的稳定。

小贴士：不要让腿的重量把背部拉成驼背，并注意让手肘全程保持拉直的状态。

平台式练习

双脚与肩同宽站立，上身慢慢由腰部开始向前下弯，下弯时上背部保持挺直，并将双手向两侧抬起。如果因腿部肌肉不够灵活而无法正确做出下弯的动作，可以让膝盖稍微弯曲。身体下弯至背部和腿部呈90度，并在此姿势停留30秒。回正前彻底放松上半身，背部与双臂自然向前下垂，接着再由脊椎一节节地将上身带回到直立的位置。

背部和腿部的延展坐姿练习

双脚向前伸直坐在地上，注意坐骨贴地，而不是坐骨后方。保持这个姿势并将整个背部伸直，同时注意胸骨保持向前/向上。练习一段时间后，如果感觉不是很费力，可以在这个姿势停留3分钟。

变式练习：做此练习时，如果因腿部后方肌肉较短而感到困难，一开始可以稍微将膝盖弯曲。若不能确定背部是否伸直，可以靠墙而坐。若觉得这个练习太过容易，可以试着坐骨向前，并将伸直的背部向前倾。

鱼王式

坐在地上，左脚脚底贴住右腿大腿内侧。身体向左转，并带着右脚绕过左膝，平放在左膝左侧的地板上。接着上半身尽可能向右扭转，并用伸直的左臂将立起的右膝向左推。右手在身体后侧支撑，脊椎尽可能拉伸。在此姿势停留3分钟，同时保持均匀的深呼吸。然后换边。

颈椎以及肩颈部位

针对颈椎所设计的练习都相当具有挑战性，因为练习本身所涉及的动作都非常精细，练习时很容易用力过度。做这些练习时，对身体的感知力非常重要，常常只需一个意念观想，就会影响到颈部肌肉的紧张或放松，进而为颈椎带来微小的改变。多花一点时间，耐心地学会感受思想和动作带来的细微变化。

这些练习都是为了使颈部和头颈关节达到最大灵活度，并以此为基础，对正面颈部肌肉的力量稍加培养。然而在练习时应注意避免压缩后脑下缘和颈关节之间的空间。下颚与舌头应该尽可能维持放松，在闭口的状态下让下颚自然落下，上下排牙齿不相互接触。

因为诸如时间紧迫和情绪紧张等来自日常生活中的压力，大部分人会绷紧肩颈肌肉，导致这部分肌肉僵硬。观察一下生活中的自己会在什么情况下绷紧这些肌肉进而导致头颈关节僵硬，并学着改掉这些习惯，让头部可以在脊椎的顶端找到一个最自然的平衡位置。

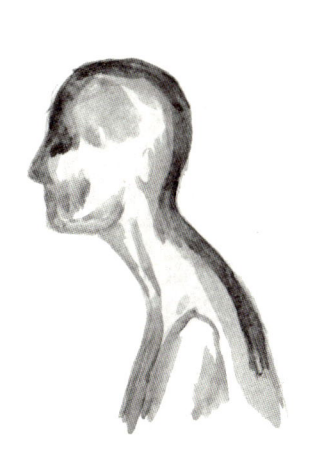

灵活度练习

放松练习

站着或坐着，吸气时双肩向耳朵的方向提起，接着用嘴将胸中的气快速吐出并在吐气的瞬间让肩膀落下，通过吐气和重力让肩颈之间的紧绷得到放松。

点头练习

端正地站立或坐着，双眼直视前方。接着，以非常细微的动作轻轻地点头并感觉后脑下缘的后颈部肌肉微微来回拉开（轻微的双下巴），收紧（头部"缩回"到颈部）。点头的动作应该非常小，小到肉眼都无法看见。

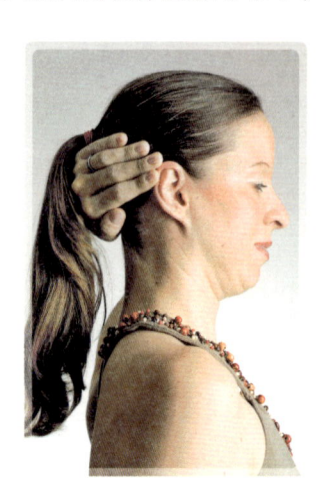

转头练习

端正站立或坐着，开始进行前一个点头练习。停留在"双下巴"的位置，后颈保持拉伸状态。接着，将头部向右倾斜，同时向左微微转动，并将下巴朝下带向胸骨，目光随着头部动作移向左下角。此时应该能够感觉到后脑下缘左侧的肌肉在轻微拉伸。停留在这个位置，并做10个非常微小的点头动作。

换边（后颈保持拉伸，头向左倾，向右转，收下巴，目光朝向右下角）。后脑下缘的右侧肌肉应该会感到轻微的拉伸。同样在这个位置做10个微小的点头动作。

小贴士：在头部倾斜和转动时维持"双下巴"的状态。

力量与稳定性练习

接下来要介绍的是为颈椎所设计的力量练习。这些练习按从易到难的顺序排列，当确定自己能够准确完成一个练习之后再进入下一个。

毛巾辅助的力量练习

仰卧在地上，膝盖弯起，双脚平放地面。将一条小毛巾卷起后垫在后颈下方。接着后颈向毛巾施加压力，同时将腹部深处和骨盆处的肌肉收紧。感觉后颈肌肉被拉长，并自然形成轻微的"双下巴"状态。停留在此姿势20—30秒，呼吸保持均匀，颈部前方和深层肌肉应该能够感觉到轻微紧绷但喉头不被挤压。

围巾辅助的抬头练习

仰卧在地上，膝盖弯起，双脚平放地面。在肩膀下方垫几个枕头或毛巾，使身体和地板呈20—45度。双手握住一条围巾并将头"枕"在围巾上，接着骨盆肌肉收紧，颈部前方用点力（如同前一个练习中的"双下巴"状态），保持这个状态，并借助围巾将头微微抬起，试着保持10—20秒。

无辅助的抬头练习

在能够准确完成前一个练习,并能将抬头姿势保持10—20秒后,便可以逐渐减少辅助工具。首先试着将围巾拿掉,肩膀仍保持垫高45度,并试着在没有围巾辅助的情况下抬起头。可以随着熟练程度的变化慢慢减少垫在肩膀下的枕头数量,让背部逐渐贴近地面。

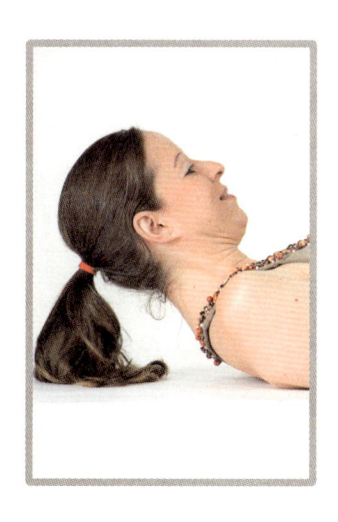

以下几个要点有助于正确完成此练习:

- 后颈部上方保持拉伸状态
- 头部保持在脊椎的虚拟延长线上(不向前弯、不向后倒)
- "双下巴"状态,不挤压喉头
- 颈部正面以及深层肌肉微微紧绷
- 在颈部正面只会形成轻微的、肉眼可见的表面肌肉用力的迹象
- 骨盆处的肌肉收紧

在练习初期先将头抬起几秒钟即可,之后可以慢慢增加抬头的时长。做此练习需要频繁的休息,连带休息时间的总练习长度不可超过3—5分钟——要知道,头部可是有7公斤重呢!

小贴士:姿势正确的抬头练习是相当困难的。对大多数人而言,借由辅助来做练习就能有所裨益,因此不要太急于去做难度较高的练习。

斜方肌下降拉伸练习

端正地站立或坐着，头向左倾斜并用左手固定住。接着右手肘弯起，右手臂向下拉。保持这个姿势，并将头微微向右扭转。保持扭转拉伸动作20—30秒后换边。每边重复2—3次。

肩胛提肌拉伸练习

端正地坐在凳子上。左手握住左后方的凳脚并将肩胛骨向下/向后拉。头部先向右倾，接着向右扭转并朝目视方向微微前弯。保持20—30秒后换边，每边重复2—3次。

枕骨下肌群拉伸练习

仰卧在地上，膝盖弯起，双脚平放于地面。将弹力带套住头顶并用双手轻轻拉紧。头部试着将弹力带向上推移，同时感觉后脑下缘的肌群被拉伸。持续20—30秒，重复2—3次。

感知能力与协调能力练习

眼球绕圈练习

端正地站立或坐着,眼球按左上—左下—右上—右下的方向顺序转动。注意只转动眼球,头部保持不动。整个动作流程会形成一个∞字型。

枕骨下肌群和眼部肌群的反射动作相关联,因此当眼球做转动时可以感觉到后颈上方深层的肌肉有微小的运动。

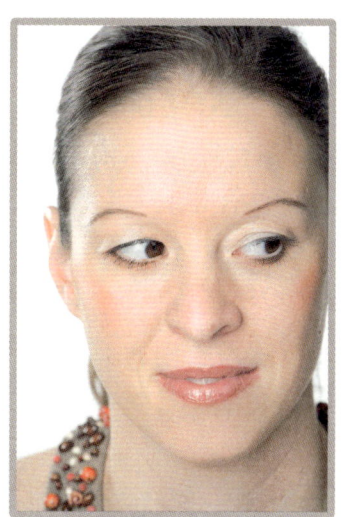

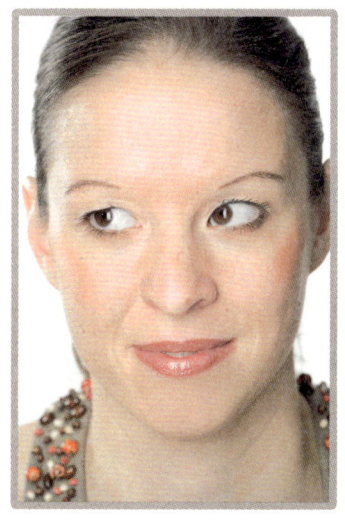

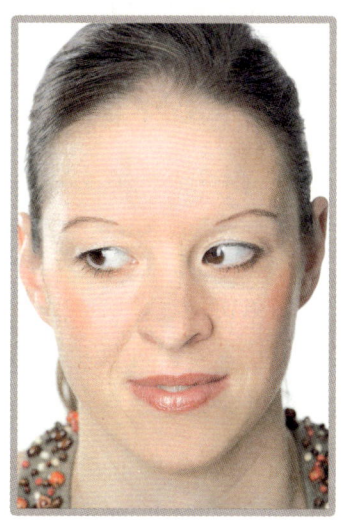

肩膀与手臂

肩关节主要是由其周围的肌群来稳固并带动的，这样的构造一方面赋予了肩膀相当大的活动幅度，另一方面却也极易出现稳定度、力量不足或功能性的问题。在做针对肩膀所设计的练习时，必须顾及手臂动作和肩胛骨、胸椎以及和颈椎之间紧密的功能性联系。譬如，胸椎位置如果有问题，肩胛骨就无法准确地贴合在胸腔，而这又将进一步导致肩关节和手臂的功能受到阻碍。肩膀疼痛或功能性障碍的原因，也常与肩胛骨或胸椎息息相关。

接下来的练习是针对肩关节中心位置的肌群所设计的，旨在改善这些肌群的力量和协调能力。此外，这些练习也有助于放松与拉伸这些经常需要在不良姿势下运作的肌肉。关于肩膀的练习只有结合胸椎和颈椎的练习才能发挥作用，建议将肩膀练习和第45页的胸椎练习以及第57页的颈椎练习结合起来一并进行。

灵活度练习

风车练习

双脚与肩同宽站立，双臂自然垂于身体两侧。左臂伸直并由后方向上抬起，当左手到达顶端时右手开始做同样动作，左手同时由前方落下，左右手形成自然流畅的画圈动作。

小贴士：画圈旋转时，双手要直接向前/向后运动，避免向侧边旋转。一段时间后变换旋转方向。练习时可以稍微转动上背部，但是骨盆应该保持稳定。

手臂旋转练习

双肩自然下垂站立,将手背交替向前、向后旋转,手背旋转时手臂保持垂挂伸直状态,并应感觉到肩膀关节也被手背带动的旋转。

除了在身体两侧旋转之外,也可以将此练习延伸为一个虚拟的8字型动作。由手背方向带动手臂动作,手背依次向前/朝内,向前/朝外,向后/朝内,向后/朝外,接着重新向前/朝内。

钟摆练习

手臂自然下垂，手持一个重量较轻的物品并前后摆动。通过拉伸的力量，肩关节会得到舒缓，因此强烈推荐有突发性肩膀疼痛症状的人多做这个练习。手中物品的重量不要太重，一个装满水的瓶子就可以了。

力量与稳定性练习

外旋练习

坐在凳子上，双手将一条弹力带在身前拉紧。两侧上臂贴紧上身，手肘弯起，接着用下臂和手将弹力带由两侧向外拉。重复做3组，每组15次。

小贴士：在做此练习时，上臂和手肘必须时时保持贴紧身体，外旋的动作应该由后方的肩膀肌肉群来执行，而不是由下背部发力，因此注意不要将腰部向前顶出。

手臂拉力练习

将弹力带固定在门把上，一手拉住弹力带，找到一个站立位置，使拉着弹力带的手能够伸直并与身体呈大约60度。弹力带要有轻微的张力。接着，将弹力带朝身体方向拉，同时，肘眼向身体方向内旋，并在重新带回到起始位置时向外旋。执行这个动作时，应该会感觉到肩膀微微下沉（参照第51页手肘推移练习）。重复做3组，每组15次。

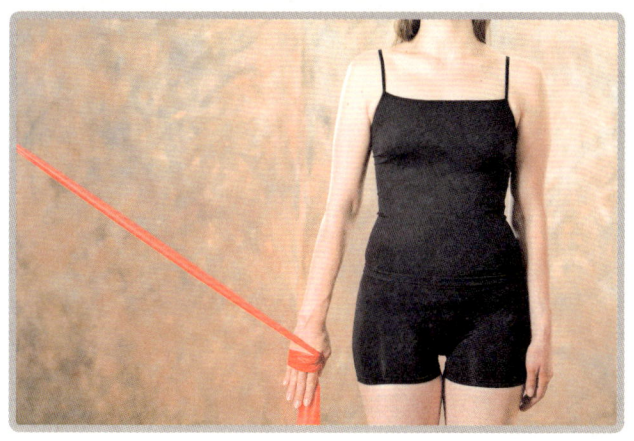

小贴士：用手将弹力带朝身体方向拉并向内旋的动作需要足够的力量和控制力，注意在做这个动作时不要让肩膀向内缩。而将手带回起始位置并向外旋时，则需要非常好的协调能力。做这个动作时，将另一只手放到肩膀上，可以更清楚地感觉肩关节微微向下移动的变化。

肩关节置中练习

仰卧在地上，手臂放于身旁两侧地面，与身体呈大约40—60度。将弹力带固定在某一稳固的物件（钢琴、暖气等）上。用手卷起并拉紧弹力带，让手臂自然地被弹力往脚的方向拉，感觉肩关节被拉伸。接着，由肩关节开始将整条被拉直的手臂往弹力带固定点的反方向拉回。这个动作非常小，大概只有1厘米左右的位移。

小贴士：不要把整个肩膀向耳朵的方向拉。可以在练习时将另一只手放在肩颈之间，以确定这个部位保持不动。正确做法是由位于肱骨上端的深层肌肉来带动动作。

拉伸练习

肩关节与上背面的拉伸练习

　　站立或坐着，双手手肘弯起，右手手肘置于左手手肘上方，左臂收紧，并将右臂尽可能向左拉，拉的同时注意上身不要跟着向左转。右肩膀的后方、侧面以及肩胛骨应该都能够感觉到拉伸。保持20—30秒后换边。

小贴士：做此练习时，肩胛骨之间即脊柱附近部位的拉伸感比肩胛骨本身更为剧烈的人，不适合进行此练习。以下是针对该状况设计的变式练习。

　　右手扶在墙上（请参照第51页侧身扶墙练习），手肘微弯。接着身体慢慢向墙的方向右转，同时保持手和肩胛骨的位置不变。转动时要感觉右侧肩胛骨拉伸。

肩膀与胸肌拉伸练习

　　双脚立起仰卧地上,双手合掌向天花板伸直。接着双臂向上拉伸,直到肩胛骨离开地面。然后非常缓慢地让肩胛骨向后/向下/向外降回到地面,体会肩带变宽、锁骨附近的部位被拉开的感觉。重复10—15次。

身后合掌练习

　　端正地站立或坐着,双手绕到背后合掌,指尖向上。接着双手保持合掌状态,尽可能向头部方向移动。此练习对肩关节和腕关节的灵活度要求较高,一开始可能连合掌的动作都会感到困难,所以耐心练习,让自己逐渐进步即可。

弹力带辅助的放松练习

双脚站在弹力带上，双手在身体两侧握住弹力带，将弹力带拉紧并卷紧到感觉双臂被强力向下拉直的拉力力度。接着，用双肩的力量将弹力带向耳朵的方向拉起，再用非常缓慢的速度使肩膀向后/向下/向外降下。避免让弹力带的拉力快速地将肩膀往下扯，因为只有通过极度缓慢的动作才能有效舒缓肌群。用慢动作重复10—15次。

颈椎肌肉的拉伸练习

肩关节的疼痛会导致代偿动作的产生，并连带造成肌肉紧绷。尤其是连结肩膀以及颈椎的肌群特别容易受到影响而紧绷僵硬。这个问题可以通过第62页开始的拉伸练习缓解。

感知能力与协调能力练习

书本辅助的支撑练习

仰卧在地上,膝盖弯起,双脚平放于地面。一只手的手臂伸直,手心向上托起一本书,指尖朝向头部的方向。接着将手肘弯下,肩膀向耳朵的方向牵引。然后手臂重新向上伸直,同时感觉肩胛骨和肩膀往脚的方向下沉,并轻微向外移动。重复10—15次之后换边。

小贴士:此练习的重点在于"手臂伸直"和"肩膀下沉"动作交替之间的协调流畅。

墙面画圈练习

侧身站在墙边。手心握球,顶在墙上,高度与肩膀齐平。用球在墙面小范围画圈,同时注意将肩胛骨保持在向后、向下、向外的位置,肩关节保持中心位置。顺时针、逆时针各画20个圈后,换手。

手臂画圈练习

　　双脚离墙一步的距离,背对墙面站立。将整个背部和肩胛骨贴住墙面,双手举起在身前画圈,感觉肩胛骨沿着墙面游移,但不离开墙面,背部始终保持贴墙。顺/逆时针各画7—10圈。

变式练习:可将手肘弯曲,使练习更为简单。

手臂开展练习

　　双脚离墙一步的距离,背对墙面站立。将整个背部和肩胛骨贴住墙面,接着头部和上背部向下弯,肩胛骨离开墙面,双臂自然下垂,肩关节自然放松向内旋。以这个姿势为起点,将脊椎一节节重新拉起,同时感觉肩胛骨向后/向下/向外移动。一边起身,一边将双臂往两侧抬起并由肩关节稍微向外转至双手大拇指朝上指向天花板。

小贴士:拉起身体和抬起手臂应该是连贯且同时进行的动作。可以想象自己的手臂起始于胸骨,并在起身打开前胸的同时感觉双臂的轻巧。

下臂、手腕、手掌以及手指

双手和手指是音乐家最为关注的身体部位。毕竟，除了管乐演奏者的嘴唇之外，手是最直接接触乐器的器官，而指法和技巧练习的重要性更加深了音乐家对于手的重视。然而，从身体结构的功能性来说，手只是上肢的一部分。唯有整条手臂协调运作，才能让手发挥出所需的力量和灵活度。因此在进行手掌和手指的练习时，还是要注意端正的姿势和双边肩胛骨的稳定。

除此之外，也容易出现手部肌群和下臂肌群发力失衡的情况。在练习难度较大的乐段时，许多人容易过度使用下臂的力量而忽略了手本身的功能性。因此接下来的练习重点在于建立稳定有力的手型，以及拉伸和放松容易过度紧绷的下臂肌肉。

灵活度练习

手腕环绕练习

将左手肘撑在桌面上，并用右手固定左手下臂。将左手手腕来回向上拉起（手心朝上）、放下（手心朝下），手指保持放松。在练习这个动作时，试着将手在手腕拉起时稍稍向内转，使掌心稍微朝向自己，并在手腕放下时自然转回。手指在手腕来回转动时仍然保持放松。重复做2组，每组15次。

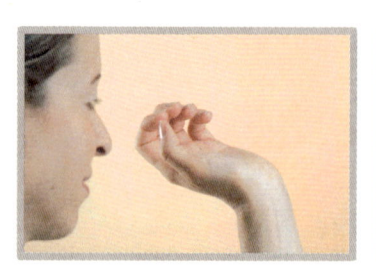

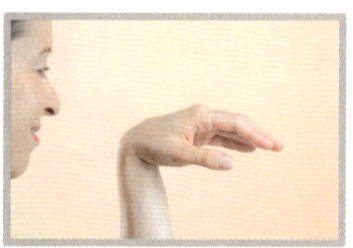

小贴士：环绕的动作非常轻微而且局限在手腕，下臂不要跟着转动，可以用另一只手帮助下臂保持稳定。

手掌交叠练习（一）

　　站立或坐着，双手合掌于胸前。接着，将双手尽可能向下移动，掌心保持贴合。保持双手合掌的状态在胸前上下移动，背部保持端正，双肩不向前缩。重复15—20次。

手掌交叠练习（二）

　　站立或坐着，双手手腕交叠，十指相扣握起。试着将一只手的手腕扭转外翻，带动另一只手的手腕尽可能朝向身体的方向扭转，左右手轮流。动作需流畅，重复15—20次。

（一）

（二）

力度与稳定性练习

手指抓握练习

五指伸直，四根手指并拢并由指根关节开始下弯，和大拇指大约呈平行。接着，试着想象在大拇指和其他四指之间存在一个物体，用五根手指将这个想象出的物品捏紧。这时会感觉手背稍稍隆起。捏紧的力量应该来自手本身，而非由手指发力。换边。重复做3组，每组15次。

变式练习：可以用桌面、握力训练器或自己另一只手的下臂作为实际的物体进行练习。

手掌拱形练习

手掌掌心平贴桌面。试着将手掌中心的部位慢慢抬离桌面，手背渐渐拱起，手掌与手腕的交接处，五指指尖以及手的两侧始终贴合桌面。以掌关节为拱形的最高点，保持拱形20—30秒。每只手重复5次。

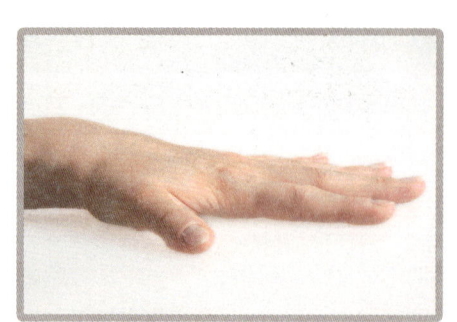

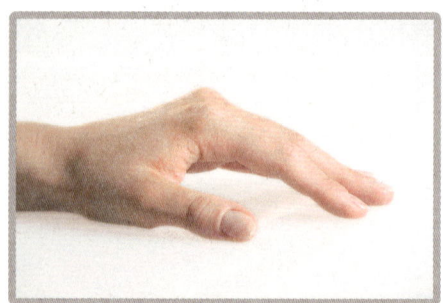

与弹力带结合的手掌拱形练习

手掌掌心平放于桌面。用弹力带打出一个套结,套住大拇指与小拇指,这样会在手背上形成交叉。接着,试着像做前一个练习那样,对抗弹力带的拉力将手掌通过掌关节微微拱起,并保持20—30秒。每只手重复5次。

变式练习:也可以用橡皮筋、弹力圈或发圈来替代弹力带。

手指稳定性练习

将手放在桌面上,掌心朝下,依照"手掌拱形练习",保持手背拱起。接着,食指向桌面施压,同时将其余四指轻轻从桌面抬起。手掌必须持续保持稳定拱起的形状,食指的关节不可以塌陷。依次换不同的手指做此练习。

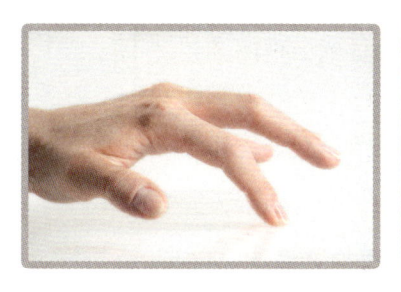

错误

变式练习:也可以让食指(或其他指)和大拇指扣住一个柔软的物体(例如压力球)进行此练习。借此还可以同时训练大拇指的稳定性。

人面狮身像练习

跪坐，上身向前弯并以双手下臂支撑地面，双手指尖向前，双手中指与下臂尽可能呈一直线。接着，保持这个姿势并以手掌拱形练习的方式将手背拱起。稳定肩胛骨，手背保持拱起，慢慢将下臂抬离地面，直到手臂完全伸直。做此练习时，手背应该保持稳定的拱形状态，手部所承受的重量越大，保持拱形就会越困难。若一开始无法在保持手掌拱形的状况下将手臂完全伸直，则尽可能地先在保持手掌拱形的情况下撑起手臂。重复5—10次。

弹力带辅助的手腕稳定性练习

用弹力带打一个小的套结，并将右手小指伸进套结中。右手掌心向上翻，左手将弹力带沿着右手手背和右手下臂内侧在右手手肘旁的位置上拉住并固定。接着右手臂试着向外伸，左手将弹力带拉紧。保持掌心朝上。重复做3组，每组15次。然后换边。

小贴士：做这个练习时，弹力带要拉得紧一些。手臂向前伸时，手腕不可以朝上、朝下或向两边弯曲，尤其是小拇指及那一侧的手腕必须要保持良好的稳定性。

拉伸运动

反手拉伸练习

站立或坐着，双臂前伸，用左手将右手手指、手腕尽可能向下扳，右手手指朝下，手肘弯曲。接着，保持拉伸的状态，慢慢地将右手手肘伸直，保持20—30秒。换边，每只手重复2—3次。

正手拉伸练习

站立或坐着，右手握拳，并用左手将右拳尽可能地向内扳，手肘弯曲。接着，保持拉伸的状态，慢慢将右手手肘伸直，保持20—30秒。换边，每只手重复2—3次。

手掌翻转练习

站立或坐着，双手手肘弯曲，下臂抬起，上臂贴紧身体。五指并拢，大拇指侧朝上。接着由这个姿势开始，将双手下臂尽可能向上、向外翻转，直到掌心朝上（稍微朝外）。在拉伸的极限位置停留20—30秒，重复2—3次。

变式练习：可以借助左手的力量使右手下臂达到更大的向外翻转角度，借此被拉伸的肌肉可以达到按摩的效果。重复7—10次后换手。

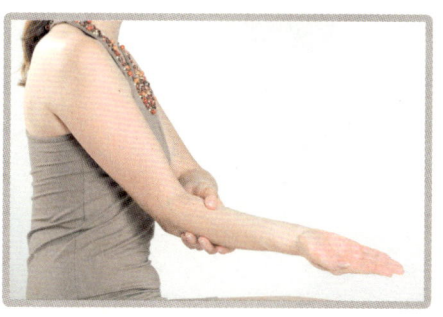

手部按摩

手部以及下臂的紧绷可以通过按摩的方式得到很好的缓解。手掌适合按摩的部位有掌心、大拇指球肌、小拇指球肌。尤其对大提琴家而言，按摩右手大拇指球肌能带来很大的帮助。

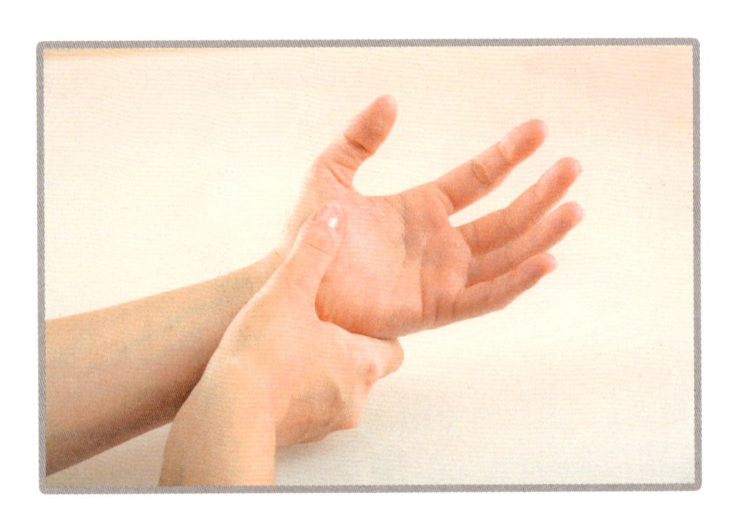

下臂常常紧绷的部位是上下两侧的伸肌和屈肌。按摩时可以由下臂中心开始，朝手肘方向对下臂的上下两侧进行按摩的动作。

为了避免操作按摩的手自身因按摩而紧绷，也可以使用按摩棒或网球来按摩，并配合使用温水、热水瓶及肌肉酸痛贴布或药膏。

感知能力与协调能力练习

弹簧式练习

面向墙站立,双手向前抬起。接着身体向前倒,双手手背保持稳定但不过度僵硬拱起状态,撑在墙面接住身体重量。双手在触碰墙面的同时,以拱起的状态将身体反弹回原来位置。

小贴士:在将身体弹回时,手背应保持拱起,不能塌陷。整个动作有点类似弹簧弹起或猫的弹跳动作。

呼　吸

　　呼吸功能承担着供给身体氧气、维持人类生存的重要任务。呼吸属于身体的无意识机能，人虽然可以有意识地在短时间内暂停呼吸，却无法永久性地阻止身体做出反射性的吸气动作。

　　呼吸同时与人的情绪感受息息相关。人在激动和紧张时呼吸会变浅，频率会变快；而在放松和平静时，呼吸会变得较为和缓、深沉。

　　此外，呼吸也与身体姿势存在关联。弯腰驼背或过分挺直的身体姿势，会使得横膈膜和肋椎关节缺乏足够的灵活性来有效地开展工作，从而迫使位于肩颈部位的呼吸辅助肌群提早为低强度的身体动作提供协助。呼吸辅助肌群通常只有在身体需要承受较高强度负荷时才启动，如果在进行低强度的身体动作时即需要借助呼吸辅助肌群，那便造成所谓的"功能性呼吸不良"。常见的症状包括呼吸频率升高、肩颈部位紧绷。长期的肩颈肌肉紧绷除了会造成疼痛之外，也会导致头颈姿势不良以及手和手臂之间的协调问题。过浅、过快的呼吸会使管乐演奏者的气息不够，而非管乐演奏者也会因为呼吸不良导致音乐表现受限。对于音乐家来说，功能性呼吸不良不仅会带来肌肉疼痛这样的生理损伤，还会对音乐诠释造成影响。

　　对于管乐演奏者和声乐家而言，不同学派所述的各种呼吸方法非常值得探讨。然而限于篇幅，无法在此深入研究这个议题。

　　本章节所介绍的练习侧重于改善呼气与吸气并增加呼吸深度，管乐以及非管乐音乐家皆适用。

改善吸气以及横膈膜的力度练习

弹力带辅助的调息练习

坐在凳子上,双手将弹力带在身前以轻微的拉力拉紧。缓慢举起双臂,同时吸气,注意力集中在吸气速度与手臂上升速度之间的配合上,试着调整双臂举起的速度,气吸满时让双臂刚好达到头顶最高点。接着慢慢吐气,并将双臂从身体后方缓缓落下,同样试着让手臂下降速度和吐气速度相互配合,在手臂落到最低点时刚好将气吐完。注意不要让呼吸速度迁就于手臂的速度,而是应该使手臂的速度配合呼气与吸气的速度。重复此练习,将双臂从身后重新举起并吸气,并在到达最高点后吐气,双臂从身前落下。

为了使呼吸与手臂动作能够更好地融合,可以用英文字母"sss"或"fff"的气音来吸气与吐气。在循环3—5次之后就能感觉到呼吸更加深沉,呼气和吸气的时长也会渐渐增加。

小贴士:在每一次循环后短暂休息一下,以避免过度换气。

吸管练习

用一根吸管慢慢地练习吸气,注意不要发出任何声响。

这个练习很容易造成晕眩。在练习时要随时注意身体状况,有可能在练习一次后就需要休息,并正常呼吸几次,才能再重复练习。根据自身状况调整重复次数,最多重复3—5次。

小贴士:不要刻意地"吸"气,让气无声地、自然地"流"进身体里。缓慢而且无声的吸气可以练到横膈膜。

嗅闻吸气练习

想象自己正在闻一朵花的花香,并用鼻子一段段地吸气。每一段吸气之间短暂屏息,但不能吐气。到气吸满为止,通常能做5—7节的短吸气。

例:短吸气—屏息—短吸气—屏息—短吸气—屏息……直到吸满气为止。

接着慢慢将气吐完,正常呼吸几次后再重复此练习。

改善吐气以及呼吸肌群的协调练习

甩手练习

站立，双臂放松，在身体两侧自然下垂。接着上身快速地向左、向右旋转，双臂保持放松并随着上身的旋转动作自然甩动。随着旋转动作用"shhhht"的气音做短促而有力的呼吸，手臂向右甩时吐气，向左甩时吸气。重复3—5次，换边。

围巾辅助的胸腔拉伸练习

站立或坐着，将一条围巾在身体胸腔下半部绕一圈，并用双手拉住。吸气，接着以"fff"的气音慢慢吐气，并用双手将围巾随吐气过程慢慢拉紧。将气彻底吐完后先松开双手，接着腹部深处肌肉微微松开，等待身体自主的吸气反应，让气自然地流入肺部。接着正常呼吸几次，再继续练习。重复3—5次。

小贴士：气吐光后，可以稍等一段时间。重点在于不要过早地主动换气，而是要等到身体反射动作自行启动之后，再将气带入身体。

膝盖落地练习

仰卧在地上，膝盖弯起，双脚平放地面。双腿膝盖向左自然落下，同时以"sshhh"的气音快速将气吐光。接着放松，等到身体启动自主的吸气反应，并随着吸气动作将膝盖带回到开始位置。再次吐气，将双膝向右落下。每边重复2次，短暂休息并恢复正常呼吸。

改善呼吸深度以及呼吸和身体动作之间的协调性练习

动态扭转拉伸练习

此练习以胸椎章节中的"扭转拉伸练习"为基础（请参见第54页，扭转拉伸练习）。侧卧在地上，双手双脚各自相互交叠并向前伸直，使身体在地面上形成U字形。将在上面的那只手向天花板举起，直到手完全指向天花板，举手时吸气。接着将手放回原位，同时吐气。重复此动作6次之后，双手紧贴地面，保持交叠，并将上面那只脚向天花板举起直到脚掌完全朝向天花板，抬脚时吸气，接着将脚放回，并吐气。重复此动作6次。

做完以上动作之后，随着下一次的吸气，将在上面的手和脚同时向天花板举起，并吸气，到达顶点后放回原位，并吐气。重复此动作6次，并在第6次时将脚停留在脚掌指向天花板的位置，只将手放回原位。保持这个姿势，深呼吸6次后，在缓慢吐气时将脚带回到起始位置。换边。

桥式练习

仰卧在地上，膝盖弯起，双脚平放地面。吸气，并将腰部带离地面，接着吐气，腰部回到地面。重复5次后休息，并正常自然地呼吸。

小贴士：试着用身体动作配合呼吸的韵律。做此练习时，吸气呼气之间不要屏气停留。

站 与 坐

  人在站立时，用以保持人体平衡的支撑面积并不是很大。要达到平衡，身体的重心必须尽可能和地面支撑点垂直，也就是说，骨盆和上身的位置不能太过向前、向后、向左或向右，以超过双脚的位置太多。要保持这样稳定的动态平衡状态，必须要有完好的神经中枢系统以及正确运作的肌肉骨骼系统。关节和肌群必须对重力状态的改变下意识地做出极其敏锐的反应，身体动作才能自然流畅。

  最佳站姿包含以下几个要素：

- 双脚承受重量平均
- 臀部和膝关节稳定但灵活
- 骨盆位置端正，脊椎拉长
- 躯干稳定但不僵硬
- 肩关节与上肢能够自由活动
- 头顶向上，头部自然放松，位于脊椎顶端的延长线上

  和站姿相比，坐姿的平衡更容易达成，因为在坐着的时候，身体重心更靠近地面且支撑面积较大。然而良好的坐姿和良好的站姿一样，尽可能拉长的脊椎状态和端正的骨盆位置同样重要。坐姿常常受到椅子设计的影响，许多椅子的造型容易使人无法做出正确的坐姿。所以要尽可能挑选椅面平坦或微微向前倾的椅子，以便坐骨或坐骨前端接触椅子。如此才能够将骨盆的位置摆正并让脊椎拉伸至自然的长度。

  除此之外，也要避免长时间以相同的姿势站着或坐着。就算站姿或坐姿本身状态"理想"，对于肌群来说，保持静态平衡的负荷也远大于动态平衡。坐在椅子上也要时不时地让身体动一动并变换不同的姿势，即使短时间的驼背或"摊"在椅子上也是可以的。

只需要稍微改变姿势，就可以防止肌肉因为长时间保持同样姿势而过度紧绷。尤其是在音乐会中，时不时地做一些微小、从外表上难以被人察觉的姿势改变，在不引起观众注意的情况下，能够为肌肉带来适当的活动。

生命在于运动

日常生活以及演奏乐器的姿势

身体重量在站立时落在双脚上，坐下时则是落在坐骨以及大腿上，演奏乐器时也是如此。但根据各类乐器不同的演奏方式，重量的分配也会有所不同，尤其针对那些演奏姿势左右不对称的乐器，如小提琴、中提琴或长笛，演奏时常常会导致三七步的站姿。从医学治疗的角度来看，这样的姿势会为承受较大重量的那只脚带来更多的负荷，也会对不得不平衡重量而倾斜的脊椎造成负担。纯粹以物理学的角度来说，双脚尽可能平均承担重量是较为理想的状态。然而从乐器演奏和音乐表现的角度来看，如此"理想"的姿势不一定适用于每个人。许多音乐家只有在错误的姿势下才能发挥最理想的状态并达到更优异的音乐表现，降低音乐表现水平以强行纠正姿势也非最佳选择。这种情况下，必须谨慎考虑，看能否找出在不影响音乐表现的前提下稍微改正姿势的可能性，并给身体足够的时间去适应姿势的改变。

音乐家非常容易将演奏姿势不对称的习惯带入日常生活中，因此让身体清楚区分演奏乐器与日常生活的不同状态格外重要。注意不要在日常生活中让不必要的不对称姿势成为习惯。

同样的现象也常见于坐着演奏的音乐家身上。钢琴家因为踏板的关系，演奏时坐姿常常容易向左倾，而大提琴家则是向右倾。在日常生活中应避免这些不对称的坐姿。

重力及其反作用力

要讨论端正的站姿，就必须讨论身体和重力的关系。重力使身体稳定地保持在地面上，身体的每一个分子都受到重力的影响。然而这也意味着，身体需要和重力抗衡，才不会像泥巴一样摊在地面上动弹不得。

由牛顿第三运动定律可知，每一种力都有反作用力，重力亦然。虽然无法让身体里每一个细胞感受到这股反作用力，但身体各部位还是能感受到一股向上的作用力。能够最明显感受重力反作用力的身体部位是脊椎。由于脊椎如同积木堆叠的构造，我们能够清楚地想象并感受到脊柱向上的拉伸。另外，在脚接触地面的瞬间，会产生一波由地面反作用于重力的向上的力。这股力也被称作"地面反作用力"。地面反作用力的大小并不固定，而是取决于地面的状态、身体的重量、触地的速度以及触地面积。人类脚掌的弓形结构能够产生类似弹簧的作用，将地面反作用力接收并引导至脊椎。而脊椎则借由自然的双重曲度将这股力道一节节地继续向上传导。

试着在接下来的练习中感觉这两股作用力的存在，以及它们在身体中各自传导的方向。

重力感知练习

脱鞋站立在一处硬质地面上，尽可能将身体各处放松，并在维持站立姿势不变的状态下让身体慢慢由内"垮"下。将注意力集中在脚底，感觉脚底板慢慢变平坦，足弓随着身体放松向下沉。接着，试着在这个状态下向前跨一步。此时应该会感觉到，要做到向前跨步的动作极为吃力，仿佛整个身体被黏在地面上动不了。要将脚从地面抬起，并向前跨出，必须先将整个身体重新挺起并建立起一股向上的张力。这股力量就是身体对于重力的抗衡。

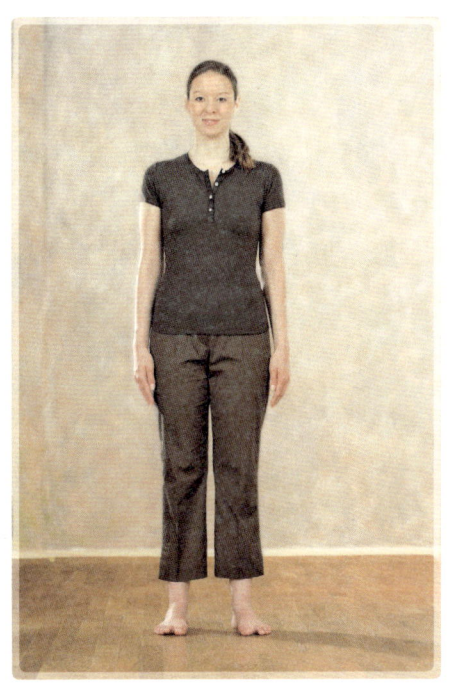

地面反作用力感知练习

脱鞋站立在一处硬质地面上，踮起脚尖，再将脚跟用力落在地面上。此时会感觉到有一股力量像电流一般由脚跟一路向上贯穿整个身体直到头部。这股力量就是地面反作用力。在走路时，迈每一步都可以使身体借助这股力量让脊椎保持向上拉伸。平常自然行走时所感受到的地面反作用力会比此练习中微弱许多，但经过一段时间的感知练习后，这种感觉就会清晰很多。

以上两个感知练习也适用于坐着的姿势。虽然在坐着时少了和坚硬地面的直接连结作为感知的帮助，但还是有方法可以让自己在坐着的时候感受到反作用力的存在。可以在坐着时试着将身体用力向椅面下压，持续一段时间后，应该会感觉身体自主地想要回弹，而在回弹的那一瞬间，就能清楚感觉到一股向上拉伸的力量。另一种能够更清楚地感知反作用力的方式是坐在弹力球上让身体跟着弹力球自然上下弹动，并感觉每一次弹动时那一股将身体向上抛起的力量。如果在坐着的时候少了这股力量，身体就会像泄了气的气球那样摊在椅子上，相信每个人在非常疲惫时都有类似的经验。

试着将对重力及其反作用力的感知能力运用在以下的练习中：

金鸡独立

脱鞋站立，左脚抬起，试着将左脚脚掌尽可能地向上贴紧右腿大腿内侧。双手合十向上举过头顶。保持呼吸均匀并试着在这个姿势停留尽可能久的时间。接着换边，每边重复2次。

小贴士：如果一开始无法稳定重心，可以将双手向两侧平举来帮助保持平衡。

单脚站立练习

练习单脚站立对于改善平衡感、站立稳定度、协调能力以及脊椎拉伸都有极大的帮助。即使不需要站着演奏的音乐家,也非常适合做这个练习来增进上半身动作的协调能力,并改善脊椎向上拉伸的姿势。

小贴士:每次单脚站立练习都要兼顾到两只脚,并将练习重点放在稳定度较差的那一边。注意站立脚的足弓不塌陷,大小腿维持在一条直线上,膝关节位置置中。也可以自己开发一些单脚站立的变化练习,接下来的第五章也会详细说明有哪些其他变化。

训练计划表

　　为了让读者更清楚地知道如何挑选并组合各个练习，接下来会介绍五个针对几种最常见问题而设计的练习计划表的范例，以尽量帮助每个人设计出最符合自己需求的训练计划。

- 改善姿势（极简版）
- 改善姿势（详细版）
- 改善肩颈部位紧绷
- 改善核心稳定性
- 改善手臂耐力以及预防下臂过度负荷

　　各个范例中所针对的重点及其练习内容都不是一成不变的，可以按自己的不同需求自由变换组合。

学习如何设计出专属于自己的训练计划

　　虽然这里介绍的范例没有将乐器演奏相关练习列入到计划内容中，但也可以在练习乐器演奏的过程中搭配适合的热身练习、拉伸练习或协调练习（参照第三章"练习计划的设计"）。也可以把接下来的第五章所介绍的搭配乐器来做的练习加到自己的练习计划中。

　　这些作为范例的训练计划，扣除热身和舒缓练习的5分钟，用时介于23—49分钟之间。建议将一些练习纳入平常练习乐器演奏的过程中，并搭配乐器一起进行，这样可以节省一些时间。若是偶尔时间紧张，可以减少重复次数或跳过某些练习来保持训练计划的持续性，但这不应变成习惯与常态。

　　纳入范例中的练习并不代表它们是相应章节中最重要的练习，可以在训练一段时间后根据自身状况，用其他功能相似的练习替代。

改善姿势：极简版

时间长度：23分钟

胸椎扭转练习（一）：
6分钟（第46页）

胸椎扭转练习（二）：
6分钟（第47页）

腹股沟拉伸练习：
3分钟（第41页）

向上拉伸练习：
5分钟（第43页）

浅蹲练习：
3分钟（第44页）

第四章 训练计划表

改善姿势：详细版

时间长度：32—45分钟

骨盆摆动练习：
1—3分钟（第33页）

核心稳定性练习：
5分钟（第35页）

毛巾辅助的力量练习：
3分钟（第60页）

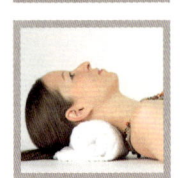

弯曲与拉伸练习：
3分钟（第46页）

双臂平举练习：
7分钟（第48页）

船式：
5—8分钟（第38页）

胸大肌拉伸练习：
（第53页）

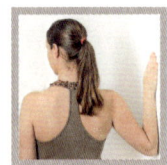

金鸡独立：
5—10分钟（第92页）

第四章　训练计划表

舒缓肩颈部位紧绷

时间长度：23—33分钟

放松练习：
1—2分钟（第58页）

斜方肌下降拉伸练习：
3分钟（第62页）

肩胛提肌拉伸练习：
3分钟（第62页）

弹力带辅助的放松练习：
3—5分钟（第71页）

风车练习：
2—4分钟（第64页）

手臂旋转练习：
3—6分钟
（第65页）

甩手练习：
2分钟（第85页）

手臂开展练习：
6—8分钟（第73页）

改善核心稳定性

时间长度：42—49分钟

核心稳定性练习：
5分钟（第35页）

弹力带辅助的腹肌练习：
8—10分钟（第36页）

全身稳定性练习：
3分钟（第39页）

胸椎扭转练习（二）：
6分钟（第47页）

船式：
5—8分钟（第38页）

弹力带辅助的挺胸练习：
7分钟（第49页）

向上拉伸练习：
5分钟（第43页）

单脚站立练习：
3—5分钟（第93页）

第四章　训练计划表

增加手臂耐力并避免下臂过度负荷

时间长度：41—48分钟

手臂拉力练习：
5—8分钟（第67页）

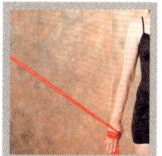

外旋练习：
5分钟（第66页）

墙面画圈练习：
5分钟（第72页）

手臂画圈练习：
3—5分钟（第73页）

正手拉伸/反手拉伸练习：
各3分钟（第79页）

手指抓握练习：
6—8分钟（第76页）

手掌拱形练习：
6分钟（第76页）

人面狮身像练习：
5分钟（第78页）

第五章

和乐器搭配的实际运用

身体与乐器的相互配合

作为音乐家，最重要的任务就是按照作曲家的思想、遵循作品创作的历史背景和作品风格，加上自己的想象发挥个体诠释，将作品创作呈现给听众。想要达到这个目标，必须具备良好的演奏技巧，其中包括音色、手指、连断奏、句法以及对于乐句的诠释等要素，这些都必须得到适当的训练。每种乐器的演奏技巧都有很多专业教材和练习来进行讲解，以帮助音乐家提高技艺。这些技巧练习经过了仔细构思，让音乐家能够以简单明了的方式达到练习目的。然而在演奏技巧之外，音乐领域中还存在许多虽然常见，但又难以明确定义的"概念"。

举几个常见的例子：
- 自由演奏的感觉
- 自然的乐句表达
- 轻巧灵活
- 音色的多变性
- 放松
- 充满张力的诠释

相信每个音乐家都对上述几个说法不感到陌生，并可以产生非常清晰的声音想象，甚至说出各个乐器领域具备这些特质的音乐家的名字。以轻巧度来说，大部分音乐家都明白"毫不费力"的演奏听起来是什么样子，但是如何让自己的演奏轻松灵活，总是比想象困难许多。

我们常常会听到如"放松一点""身体不要紧绷"或"多给一些情绪"之类的建议，这些话虽然本意很好，却不能带来实质性的帮助。大部分人都是在练习乐器演奏时反复打磨同一个乐段，直到自己在某一个瞬间突然"开窍"为止。然而，如果这个"开窍"的瞬间始终没有到来，而不断反复的尝试反而让身心越来越疲惫了，那怎么办？

当某个特定乐段的演奏始终无法达到自己的要求时，不断重复的失败所带来的挫败感就会使身体渐渐紧绷。而身体一旦紧绷，往往会加深演奏的难度，并让自己离目标越来越远。在这种情况下，若是仍然不断重复同一个乐段，非常容易使身体紧绷且让失败的挫折感相互影响，从而进入一种恶性循环。如何打破这样的恶性循环，并为自己重新找到适当的起始点，是每一个音乐家都必须面对的重要课题。而反过来说，想要在慢板乐章中奏出优美的乐句并赋予其更多的音乐表现力，若过于放松而缺乏必要的身体与精神的紧张感，则也无法达成目标。因此，为自己打造出演奏乐器所需要的理想身体状态，远比在无谓的尝试上浪费时间更有意义。

肢体语言与身体感知能力

肢体语言是人类最为重要的表达工具之一。不管是音乐家在演出时，还是一般人在日常生活中，肢体语言的运用都相当普遍。人脑会下意识地接收不同的姿势、手势以及动作，并产生不同感觉。

举例来说，驼背、耸肩以及胸腔缩起的姿势，会被大部分的人解读为负面、被动、忧虑的感觉。试想一位弯腰驼背的演讲者站在讲台上，若演讲内容不够精彩绝伦，这样的姿势大概很难抓住听众的心。而音乐家在舞台上的肢体语言也有同样的效果。然而不可否认，也有许多杰出的音乐家，能够用看起来不甚理想的姿势演奏出不可思议的音乐。

要了解身体姿态对乐器演奏的影响，可以试着观察演奏时胸骨的位置为声音所带来的改变。对于许多乐器来说，胸骨位置和声音的投射有直接的关系。许多音乐家认为，挺胸的演奏姿势（胸骨朝向前上方/上方）并感觉声音从胸骨出发向观众席"投射"，能够明显加强声音的穿透力，让声音可以更轻易地投射到音乐厅的最后一排座位。

除了姿势之外，不同的身体部位接触不同的乐器，也会带给演奏者特定的"演奏感受"。例如，琴键上准确且扎实的触键会让钢琴家的手指在最后一指节和指尖之间感到稳定。在弦乐器演奏中，负责把位的左手也会产生类似的感受。

依照不同乐器的特性，音乐家可以将身体感受和乐器演奏结合起来，透过特定的身体感受来帮助自己更容易达到相应的音乐效果和技术目标。一个和特定身体感受相关联的动作对于身体而言更具体也更精准，因此能够帮助音乐家随心所欲地演奏。而演奏时对于身体的有效感知也能打破前一页所述的恶性循环。通过专注力训练达到特定的身体感受，能够快速将身心带离反复失败所造成的挫败感。

第五章　和乐器搭配的实际运用

下面的表格列出了各种音乐效果和技巧性目标与特定身体部位和感受之间的连结关系。

音乐效果/技巧性目标	身体部位和感受
呼吸深沉/气拉长/断句符合音乐性	脊椎下段自然拉伸/腹股沟（腹部和大腿交界处）打开/骨盆位置摆正，成为稳定的基座
声音具有透射力/台风/共鸣良好	肩膀打开/胸腔和锁骨打开/胸骨摆正
声音宽广/共鸣良好/运舌快速（管乐）/发声（声音的开端）精准/演奏轻巧自如	后颈放松/双眼感觉自由，目光不受限制/耳朵下方颚骨关节放松/下颚自由不受限制
音色/连断奏/右手运弓协调快速（弦乐）/手指灵活性和快速（钢琴）/呼吸深沉（管乐）/施力方式合理（钢琴，打击乐）	手臂放松伸展/胸腔和锁骨打开/肩关节自由不受限制
触键精准且音色扎实（钢琴）/左手把位技巧稳定（弦乐）/手指技巧利落精准（管乐）	手形稳定/肩胛骨和手指之间相互协调/手指末端关节稳定
断句和谐自然/音乐具有流动性	呼吸流畅/吐气吸气张弛有度
音色变化丰富/慢板乐章具有张力/力量传导高效（打击乐）	核心稳定性良好/站姿或坐姿稳定/四肢同时动作时躯干保持稳定

将身体训练和日常的乐器演奏练习相结合

在进行搭配乐器的练习时需要注意的重点，跟第四章所介绍的练习有所不同。练习时不需要过度着重改善身体特定部位的功能，而是应该将注意力集中在增进身体感知能力以及身体和乐器发出的声音之间的连结关系上。在进行协调性练习时，试着重复直到自己能够感受到这种联系为止。

第三章的范例计划表为总长两小时的乐器演奏练习安排了10分钟的身体训练时间。10分钟只是建议时间，若有需要，可视个人状况增加训练时间。不过在此还是建议在进行搭配乐器的练习时，每次花费的时间不要超过10—15分钟，因为操作这些练习需要非常高的专注度。同时感知身体感受和音乐的变化，并将两者结合成为一个"自动化"的动作模式，实际操作起来是非常耗费心神的。

将新的动作模式和声音联系起来

为了能更为系统地规划训练进度，建议每次将注意力放在一个单一目标上。例如，可以先选一段较为简单熟悉并且能够背谱演奏的旋律。接着通过第104页的列表选出对应的身体状况要求。若要改善声音投射力，根据列表建议需要打开肩膀和前胸并将胸骨摆正（第104页列表第二排）。接着回到第四章并挑选一个针对这些身体部位设计的练习，例如"重心练习"（第112页）。先在没有乐器的状况下反复进行几次选中的练习，来加强自己对训练到的身体部位的感受力。在这个"重心练习"中，应该会感觉肩胛骨需要使一点力气来维持背部姿态的稳定。

同时，应该会在胸腔和锁骨部位感受到被拉开的感觉。重复进行这个练习，直到能够清楚地记得这些特定身体部位的感觉。接着，拿起乐器，演奏事先选好的简单旋律，并试着同时进行选中的练习。有些练习必须视乐器演奏方式做一些调整。

例如在这个"重心练习"中，如果需要手持乐器，就必须用下肢力量来保持抬腿姿势的稳定。

接着，试着在演奏旋律的过程中找到胸腔打开的感觉，并同时观察身体向前以及向后摆动时，不同的身体感受为声音带来的改变。

如何根据自己的乐器挑选适合的练习

本书中的每个练习都附有图片，不过这并不表示图片上的乐器是唯一适合该练习的乐器。基本上，在此介绍的练习都适用于所有的乐器，只不过有时需要根据情况做出一些变化调整。比较难以移动的乐器如大提琴、低音大提琴、钢琴、竖琴、打击乐器或管风琴，自然会对搭配乐器的身体练习有一定的限制。而有些练习本身也无法直接和乐器一起进行操作，例如"合脚蹲"。要将这些练习和乐器结合，需要有较强的身体感知能力以及对于动作的记忆力。试着在乐器的旁边练习"合脚蹲"，并感受在保持蹲下姿势时，腰椎拉伸和放松的感觉。想象以此刻的感觉坐在钢琴凳上。接着，起身并立刻坐到钢琴前，试着保持或重新找回之前的身体感觉，并开始弹奏事先选好的简单旋律。

在此练习过程中要保持耐心，一开始可能在乐器上找不到原来练习时的身体感觉，需要不断在身体练习和乐器演奏之间来回交替，这都是很正常的现象。

改变所带来的不确定感

在进行和乐器搭配的练习时，常会出现无法正常演奏乐器的状况，如音程跳跃准确度下降，破音的次数增加，仿佛自己突然变得不认识自己的乐器一样。尽管一开始很难适应，但是试着不要被这些不安全感影响。专注在自己的训练目标上，并将注意力集中在各个练习所着重锻炼的身体部位上。变换身体姿势的同时也会改变全身的协调性。演奏乐器的许多基本元素如音准或指法一开始会有较强的不适应感。在这个状态下，不要试图追求完美的演奏，比如在训练的同时解决破音的问题。试着忽略新姿势所带来的技术生疏，并将注意力放在当下进行的练习上，耐心地反复练习一段时间。接着放下乐器休息一下，再用平常习惯的方式继续演奏乐器。假以时日，技巧上的不确定感会慢慢消失，新的动作模式会渐渐融入演奏方式中。

对于这样的练习方式，有两个重要问题需要厘清：

> 因为和乐器搭配进行书中的练习而导致技术不稳定，会不会影响演出的表现？

技术不稳定的原因主要来自于身体还没有完全学会并内化新的动作模式。因此在搭配乐器练习时，尽量挑选轻松简单的旋律来降低身体学习时的负担。绝对不要从平时练习或即将演出的乐曲中挑选段落加入到训练计划中。如果训练时的不安全感影响到了平时练习的音乐曲目，就失去了进行这些练习的本意。因此，将"训练计划中的简单旋律"和平时练习的曲目严格区分，才不会将训练刚开始时的不确定感带到日常的曲目练习中。

> 在练习乐器演奏的过程中，只做10—15分钟和乐器搭配的练习，其他的几个小时仍然用平常的习惯练习乐器，到底能带来多大的帮助？

只要在操作和乐器搭配的训练计划时，找到了正确的身体感受和适合的力量分配，并达到期望的声音效果之后，自然会希望在接下来练习乐器演奏的过程中将这样的身体感受融入到曲目的练习中。

虽然强调姿势与身体训练看起来很合理，但是要注意，毕竟，作为音乐家，应该更专注于音乐本身。所以在做完协调性训练开始练习演奏时，不要总是想着身体的姿势，而要把注意力集中在音乐上。每天做10—15分钟的和乐器搭配的训练，虽然会花比较长的时间来让身体学习声音与身体感受的新联系，但这是唯一能够避免让自己过度专注在身体训练上而忽略音乐本质的方法。毕竟这些练习以及身体感知能力的训练都只是帮助音乐家的演奏达到更好的音乐效果的工具，不应该在平常练习乐器演奏的过程中成为注意力的重心。

观察声音的变化

在进行这些练习时，可以试着让自已的注意力在身体的不同区域游走。首先，从各个练习所着重的身体部位开始，例如第105页所提到的"重心练习"，可以先将注意力放在胸口和锁骨的位置，仔细感觉这个身体区域所产生的改变，感觉哪些地方产生张力，并试着找出哪些张力对于演奏乐器是必要的，哪些是不必要而可以放松的。再试着感觉一下身体其他区域产生的改变，例如在"重心练习"中，胸腔会带动肩膀一起打开并影响身体对手臂延展长度的感受，胸椎的拉伸也会使腰椎状态跟着改变。仔细感受这些细微的身体变化，并观察这些变化如何对演奏时产生的声音造成影响。

观察并倾听

在观察的过程中，一定会发现身体某些部位存在的些许张力。不要马上将这些张力解读为负面现象，而是要先仔细聆听声音品质，再判断自己是否"需要"这些张力。演奏时不可能每分每秒都处于放松的状态，有些音量较大或情感浓烈的乐段本身就需要调动比较多的身体张

力。用乐器的声音和共鸣程度作为判断身体张力是否适当的基准。如果声音听起来压抑而且紧绷，同时身体的感觉也是如此，则代表身体存在太多的张力。反之，如果声音听起来太过空虚无力，增加一些身体张力也是可行的。在这里要注意，刚开始尝试增加身体张力时会觉得有些费力是正常现象，不用过度紧张。

> 在适当的部位建立适当的张力

反过来将乐器作为治疗工具

在身体的张力和声音之间的感知联系得到充分训练并能够自由运用之后，可以将整道程序倒过来运作。将原先受到身体张力变化影响的声音反过来变成工具，来改变肌肉和关节的状态。

在演奏乐器时，身体容易产生过多的张力，而这些肌肉压力往往不会立刻以疼痛的方式表现出来，一开始的迹象往往只是在练习乐器之后觉得特别疲惫而已。但是日日累积下来，会逐渐形成一种笨重感，并从下臂以及肩膀开始慢慢向身体其他地方扩散。这样的症状不仅非常烦人，而且长此以往也会导致慢性的肌肉过度使用症状。因此，对于过量的张力要保持非常高的警觉性。

身体张力过量的初期征兆非常细微，仅仅依靠身体感知几乎无法及时察觉。然而，过量的张力对于演奏乐器时产生的音色与共鸣却有相当明显的影响。也就是说，当乐器声音因为过量的身体张力开始变紧，变得压抑时，我们的耳朵能够马上察觉得到。在练习演奏时仔细聆听乐器发出的声音，在发现声音共鸣减少或品质变差的时候，仔细感受身体各个部位的感觉。让注意力依序扫描每一个身体部位，直到发现存在过多张力的身体区域为止。如果情况不严重，通常在找到张力过度的身体部位之后，身体就会自行做出修正并让声音回到理想的状态。如果张力过度的情形较为严重，建议从之前的章节中挑选对应的练习针对这个身体部位进行训练，之后可以再用声音来判断张力过度的情况是否得到改善。

与乐器搭配的练习

在进行接下来的练习时,试着将注意力放在以下几个要点上:
- 腰椎拉伸
- 骨盆摆正
- 髋关节打开
- 尾骨下沉
- 深呼吸,腹部放松
- 音色品质
- 气息长度
- 演奏句法

腹股沟拉伸练习(参照第41页)

单膝跪在地上,摆正骨盆,下背部尽量伸展拉长。保持这个姿势,并试着将骨盆稍微往前推移,感觉大腿正面以及和腹部交界处的肌肉被拉伸。

在练习并演奏的同时,试着感受下背部在拉伸以及收缩时(骨盆位置前倾/摆正)的张力变化。腹股沟拉开时,应该可以感觉到腹部有更多的空间使呼吸变得更深沉。

合脚蹲(参照第42页)

双膝并拢或微微张开蹲下,脚跟贴地。同时开始演奏乐器,试着感觉重力将骨盆向下拉并带动脊椎拉伸的感觉。

向上拉伸练习(参照第43页)

坐在凳子(琴椅)上,身体完全放松,感觉身体自然向内塌陷,仿佛一点力气也没有。接着从放松的状态开始,由脊椎带动,将身体一节一节地带起。不要主动地用太多的肌肉力量将身体拉起,而是让身体随着脊椎一节节向上拉伸,慢慢体会往上长高的感觉。

在身体重新回到端正的坐姿后,开始演奏乐器,并试着在演奏的

同时，保持坐着时轻松的感觉。身体可以随着音乐需要自然地摆动，并仔细观察身体内的张力，若是开始演奏后找不到原来端正但放松坐着的感觉，就放下乐器从头开始进行这个练习。

浅蹲练习（参照第44页）

　　双脚与肩同宽站立，背部自然拉直，膝盖微微向下弯。膝盖下弯的同时，会感到骶骨向地板方向下沉，并带动下背部拉伸。在练习并演奏乐器的同时，试着感觉如何配合放松的腹部加深呼吸。继续演奏，同时非常缓慢地将膝盖带回到平常的位置，并试着保持脊椎的拉伸状态及呼吸的深度。

骨盆摆正练习

　　坐在琴椅上。试着将骨盆向前向后来回摆动，骨盆向前时感觉整个背部跟着向后拱起，骨盆向后时背部跟着打直。这个练习的主要目的在于帮助脊椎肌群放松，前后摆动的动作稍微快一些也是可以的，而骨盆向前时稍微有些驼背也没有关系。在练习并演奏乐器时，慢慢将前后摆动的幅度缩小，直到坐姿重心稳定在坐骨上。接着继续演奏，并试着将骨盆用外在无法察觉的方式，非常细微地向前向后摆动。试着观察，紧绷不动的坐姿和能够自由移动的坐姿对于声音造成什么变化。

第五章　和乐器搭配的实际运用

在进行接下来的练习时，试着将注意力放在以下几个要点上：

- 胸椎拉伸并摆正
- 胸骨的方向朝向前方 / 上方
- 双肩打开
- 锁骨周围肌肉伸展
- 胸腔打开
- 声音音质
- 声音的投射力
- 台风

重心练习（参照第55页）

首先，先依照第55页的方式进行这个练习，加深身体对于本练习侧重的身体部位的感觉。接着，拿起乐器，用大腿的力量保持抬脚的姿势，并开始演奏乐器，背部保持平直，让身体以凳子为支点向前向后来回摆动。注意胸腔打开给声音带来的变化。

坐姿练习（参照第56页）

双脚向前伸直坐在地板上，背部拉直。保持这个姿势并开始演奏乐器，试着感觉胸骨向前/向上的位置。想象声音由胸骨出发，一路投射至音乐厅的最后一排。

第五章　和乐器搭配的实际运用

鱼王式（参照第56页）

这个练习因为带有向左扭转的动作，所以非常适合小提琴、中提琴以及长笛的演奏者。

坐在地上，右脚脚掌贴住左腿内侧，再将左脚绕过右膝，平放在右膝右侧的地板上。手持乐器，将身体尽量向左扭转，开始演奏时可以感觉到脊椎向上拉伸，胸骨摆正。弦乐器的演奏者在进行这个练习时要稍微注意不要让立起的左膝盖卡到运弓的右手。

练习时将注意力放在身体扭转、胸椎拉伸以及腹部呼吸变深的感觉上。

在进行接下来的练习时，试着将注意力放在以下几个要点上：

- 后颈放松
- 下颚能够自由移动
- 目光不"锁死"在一个定点上
- 头部自然放松，位于脊椎顶端的延长线上
- 声音宽广放松
- 手指快速灵活
- 演奏轻松不费力

点头练习（参照第58页）

以细微的动作来回点头，并感觉后脑下缘的后颈肌肉随着点头的动作来回变宽/变窄。头部动作不需要太大，也可以用细微的动作向两侧倾斜或扭转。在练习并演奏的同时，将头的动作范围持续缩小，直到几乎感觉不到，仿佛只剩在想象中还在移动为止。练习时，可以试着想象两耳之间有一条贯穿头部的直线。当这条直线所经过的部位能够放松时，应该可以感觉声音的共鸣变得更加宽广，手臂和手的动作也会更加轻巧。

第五章 和乐器搭配的实际运用

眼球绕圈练习（参照第63页）

挑选一段高难度的快速乐段，并在演奏时观察自己的目光是否紧紧地"锁死"在乐谱上，同时试着感觉后颈枕骨下和眼球肌肉相互联结的肌群是否跟着目光同样"紧锁"。接着，依照第63页所描述的方式进行这个练习，注意眼球转动时带动后颈肌肉放松的感觉。目光"锁死"在乐谱上的情形常常和光线不足（教堂音乐会、歌剧院乐池）或高度专注力（视奏）有关。试着在演奏时，将目光尽可能频繁地从乐谱带离，或进行这个眼球绕圈的练习，来避免后颈累积过多的张力。

张力检查

按照习惯的方式拿起乐器并开始演奏，接着停下来，将乐器放下。重新拿起乐器准备开始演奏，并在拿起乐器的准备过程中注意头颈关节的变化，感觉在开始演奏第一个音符之前，头颈关节周围产生了多少张力，后颈肌肉是否在准备过程中紧缩变窄。试着判断多少张力是必须的，并学着将多余的张力放松。观察自己身体在"即将"执行一个动作的预备过程中所采取的措施，是很有趣的事情。

如果头颈关节在准备演奏乐器时就自行"锁死"，就很难以后颈放松伸展的姿势来演奏乐器。

在自我观察的过程中，能够让身体自行缓解许多不必要的张力。另外，也可以在拿起乐器前先试着想象头颈关节自由放松的感觉，来帮助自己找到更舒适的演奏姿势。但是，不要太过急躁地追求某种想象中的特定姿势，这样的心态反而容易引发身体制造更多的压力。

在进行接下来的练习时，试着将注意力放在以下几个要点上：

- 双臂轻巧、延展
- 肩关节和手肘关节能够自由活动
- 锁骨周围肌肉的延展
- 胸骨自然摆正
- 运弓的那只手灵活柔韧
- 音准（弦乐）
- 技巧灵活（钢琴）
- 施力方式理想（钢琴，打击乐）
- 呼吸放松自如
- 音色

持弓甩手练习

空手站立，将上身微微向前弯，右手自然垂挂在身体前方。接着将右手放松地像钟摆一样前后摆动，感觉手臂仿佛一点力气都没有，只是被动地摆动。然后迅速地用背部的力量将身体拉起，并随着快速起身的动作将右手举过头顶，保持这个姿势，将手在空中停留一段时间。

重复上面的练习2—3次之后，左手拿起小提琴/中提琴/大提琴/低音大提琴，右手持弓，并开始用持弓的右手进行这个练习。拿弓的时候注意右手手肘要稍微弯曲，才不会让弓撞到地板。练习时，注意力要放在背部，感觉身体快速拉起时手臂毫不费力地被带起。将持弓的右手带向空中后，直接以放松的状态开始拉琴，并试着观察放松的右手为运功的灵活度带来的改变。

钢琴家和打击乐手可以用双手进行这个练习。

第五章　和乐器搭配的实际运用

放松练习（参见第58页）

手持乐器站着或坐着，两边肩膀随着吸气的动作向耳朵的方向拉起，接着一口气将气从嘴巴快速吐出，并在吐气的瞬间让肩膀自然地放下。放下肩膀的同时拿起乐器并保持肩膀以放松的状态开始演奏。演奏时让肩膀自然停留在低位（不耸肩），并感觉呼吸（非管乐器演奏者也适用）随着肩膀的放松在腹部变得更深更沉。

手臂画圈练习（参见第73页）

离墙壁一步距离背对墙站着，将整个背部平贴在墙上。接着拿起乐器，并按照第73页的描述将双臂抬起在身体前方做画圈的动作。保持肩胛骨贴墙且放松的状态，试着不使肩节紧绷而轻巧地移动手臂，并在手臂画圈的同时，感觉胸口和锁骨周围伸展打开。接着在画圈的动作过程中自然地将乐器举起，开始演奏。

低音提琴的演奏者，左手持琴，只用右手画圈就好。大提琴也是同样的道理，不过可以坐在板凳上进行这个练习。钢琴、管风琴、竖琴或打击乐的演奏者可以在乐器旁边进行第73页的练习，记住身体的感觉之后，再直接到乐器上开始演奏。

双臂开展练习（参见第73页）

　　手持乐器，依照第73页的描述开始练习。脊椎拉起后，虽然手中拿着乐器，但还是可以体会到手臂轻巧、延展的感觉。停留在这个姿势上一段时间，接着，试着延续同样的身体感受并开始演奏乐器。钢琴、管风琴、竖琴或打击乐的演奏者遵照前一个练习的操作，在乐器旁边进行这个练习，要记住手臂轻巧、延展的感觉之后，再将同样的感觉带到乐器演奏中。

> 在进行接下来的练习时，试着将注意力放在以下几个要点上：

- 手型保持稳定的拱形
- 手指和肩胛骨之间保持关联
- 指端关节保持稳定
- 音头要清楚
- 声音要扎实
- 手指弹奏技巧要精准

三度练习

坐在钢琴前，用1指跟3指弹一个三度，保持稳定的拱形（参见第76、77页）。1、3指停留在原来的三度音上，用2、4指，以断奏（Staccato）的方式分别弹另外两个三度音（重复10次），并试着让2、4指的动作不影响到1、3指的稳定性以及手掌的拱形。

试着分别用两只手练习不同的调性跟指法的组合：

1、3指固定—2、4指断奏

3、5指固定—2、4指断奏

2、4指固定—1、3指断奏

3、5指断奏

变式练习：也可以试着用一根手指单独作为手型的固定点在乐器上来进行这个练习，或选用不同的音程来练习。

"吊桥"感知练习

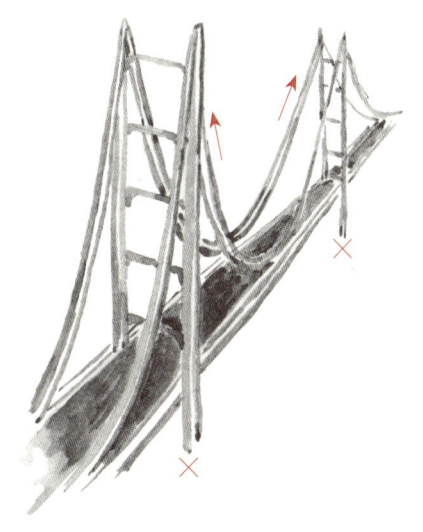

在桌子旁坐下，把一只手放到桌上，并用其中一只手指单独向桌面施力，在桌上撑起一道拱形。停留在这个姿势上，试着想象在指尖和肩胛骨之间建立一道"连结"。接着，将肩膀向上抬起，再自然落下，来回做几次这个动作，感觉肩膀每次落下时，肩胛骨自动向后/向下/向外的动作（参考第45页开始的胸椎练习）。我们的指尖和肩胛骨分别负责手臂两端的稳定，使这两者之间的所有关节（肩膀关节、手肘和手腕关节）能够自由灵活地运作，类似吊桥两端稳定的塔架和有弹性的桥身之间的关系。

在将"吊桥"两端的塔架固定好之后，可以试着让肩膀、手肘和手腕关节朝不同方向随意地动一动。动作的方式和顺序都不是重点，重要的是感觉两座稳定塔架（肩胛骨/指尖）之间桥身（整条手臂）的灵活度。接着，试着在乐器上进行此练习，演奏乐器时注意"塔架"和"桥身"之间的张力变化和相互的关联。

这个"吊桥"感知练习非常适合钢琴演奏者（两只手）和拉弦乐器演奏者（左手）。钢琴演奏者可以在钢琴上任选一个琴键，然后依序用每一只手指分别重复进行这个练习。弦乐演奏者可以用不同的指法和把位来练习。

小贴士："吊桥"两端之间要保持稳定但不应有僵硬或动弹不得的感觉。在音乐或乐器需要手臂移动时，手臂要随时可以配合（动态的稳定性）。

距离较远的音程与音较多的和弦

距离较远的音程或音较多的和弦会使拱起的手型更难以保持。由于管乐器演奏者几乎不会受到这个问题的影响，所以这个练习主要针对弦乐、钢琴、竖琴以及吉他的演奏者而设计。接下来的描述虽然以钢琴为例，不过，只要稍微做一些必要的调整，在其他弦乐器上也同样适用。首先，在琴键上，以稳定、拱起的手型弹一个原位和弦。接着改变指法，加入八度音，并同时注意在此过程中保持手背的拱形。然后，试着在保持手型稳定的状态下弹奏不同的和弦转位。练习过不同调性的和弦之后就会发现，在弹某些特定的调性和弦和转位时，手掌会不由自主地"塌陷"，保持拱起的手型会变得非常困难。找出这些难点，并试着让自己随着日复一日的练习，慢慢加强手部的力量。

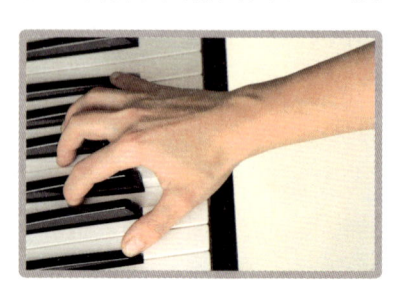

跨度大的音程或和弦在乐曲中出现的频率并不高，因此，手型短时间的"塌陷"在特定的乐曲中是可行的。然而，由于这样的手型无法达到最佳的协调运作能力，还是要尽可能地降低其出现的频率并避免这样的姿势成为习惯。由于生理机能不同，发生这类问题的可能性与局限性对每个人来说会有很大的不同。较小的手指跨度并不一定会对整体的专业演奏造成阻碍，因此，在进行此练习后，若感觉已经达到了自己的极限，适时地接受，不过分勉强自己，也相当重要。

变式练习：以稳定、拱起的手型在琴键上用1指和5指弹一个八度（手较大的人可以弹十度）。接着用中间的2、3、4指弹奏不同的和弦音，并试着感觉不同调性的和弦对手掌所带来的考验在难度上的差别。下面所列的♭B大调和♭B小调和弦就是一个能够感受到明显差别的例子。

小贴士：这个练习容易造成手掌紧绷，因此每次练习不要超过五分钟。

半音练习

在键盘上用1指和5指弹一个相距不大的音程，例如六度。接着，以每次弹奏半音的方式一步步扩大音程的距离，并仔细观察手掌拱起的状态——随着音程扩大而逐渐向外延展，直到达到临界点后手型"塌陷"为止。即使在弹跨度最大的音程时，也要尽量使手掌保持拱形。

下面所列举的音程和指法只是例子。这个练习可以用不同的手指在不同的调性上进行。弦乐器和吉他的演奏者可以用左手练习。

练习时间同样不要超过5分钟。

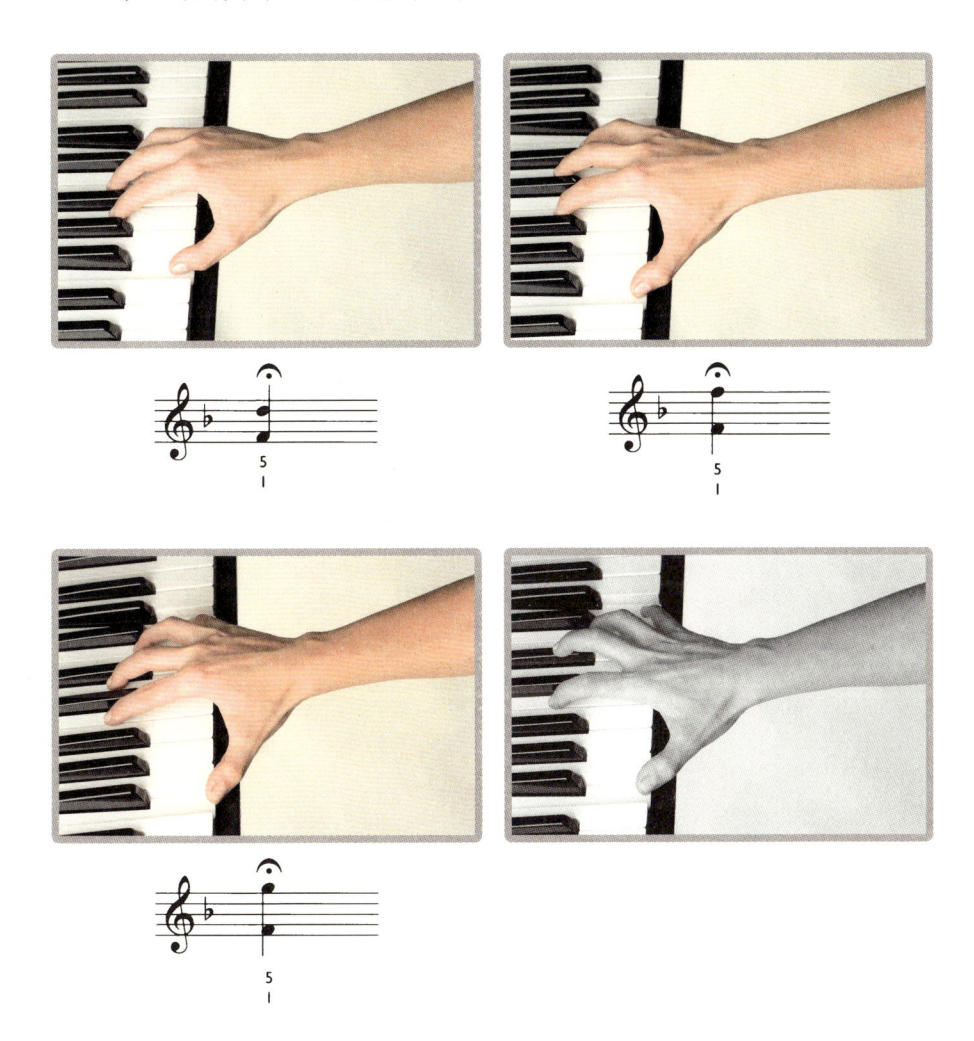

> 在进行接下来的练习时，试着将注意力放在以下几个要点上：

- 气息稳定
- 句法自然
- 吸气与吐气相互交替
- 绷紧和放松相互交替
- 音乐流畅

感知能力练习：长吐气练习

接下来的练习能够让过度紧绷的呼吸肌群得到舒缓，同时令演奏乐器时不自觉地憋住呼吸这一问题有所改善。这个练习只适用于非管乐演奏者。

演奏一首自己正在练习的乐曲，并在演奏过程中用英文字母"fff"的气音大声将气吐出，试着忽略乐曲的句法并将吐气的时间尽可能地拉长。吐完后，让气自然地流进身体里，并重新以"fff"气音吐气，在呼气吸气转换过程中不要停止演奏。重复3—5次后休息，并做几次正常的呼吸。

非管乐演奏者常常在演奏时不自觉地憋住呼吸。这常常源自于演奏时高度的专注度，或演奏较困难乐段时的肌肉紧张，而演奏者自己往往不会察觉这个现象。吐气练习的目的在于通过大声地吐气动作，将体内的张力转换成声音，并借此舒缓紧绷的现象。建议在乐器演奏时可以时不时地做这个练习，不过在练习之后，还需注意让呼吸回到符合音乐句法的状态。

第五章　和乐器搭配的实际运用

在进行接下来的练习时，试着将注意力放在以下几个要点上：

- 基本的核心稳定性
- 音乐的张力
- 躯干的稳定四肢灵活
- 力量的传导
- 注意安全（站姿稳定）

和乐器搭配的单脚站立练习（参考第93页）

在演奏乐器同时，试着单脚站立。

变式练习：单脚站立，用举起的那只脚在空中画圈，或写自己的名字，或画任何自己想到的图形。无论举起的那只脚如何移动，都要保持站姿的稳定并持续演奏。

踮脚站立练习

在演奏乐器时，慢慢将脚踮起。在确定踮脚站姿稳定后，可以再试着将其中一只脚抬起，做单脚站立练习。

第六章

预　　防

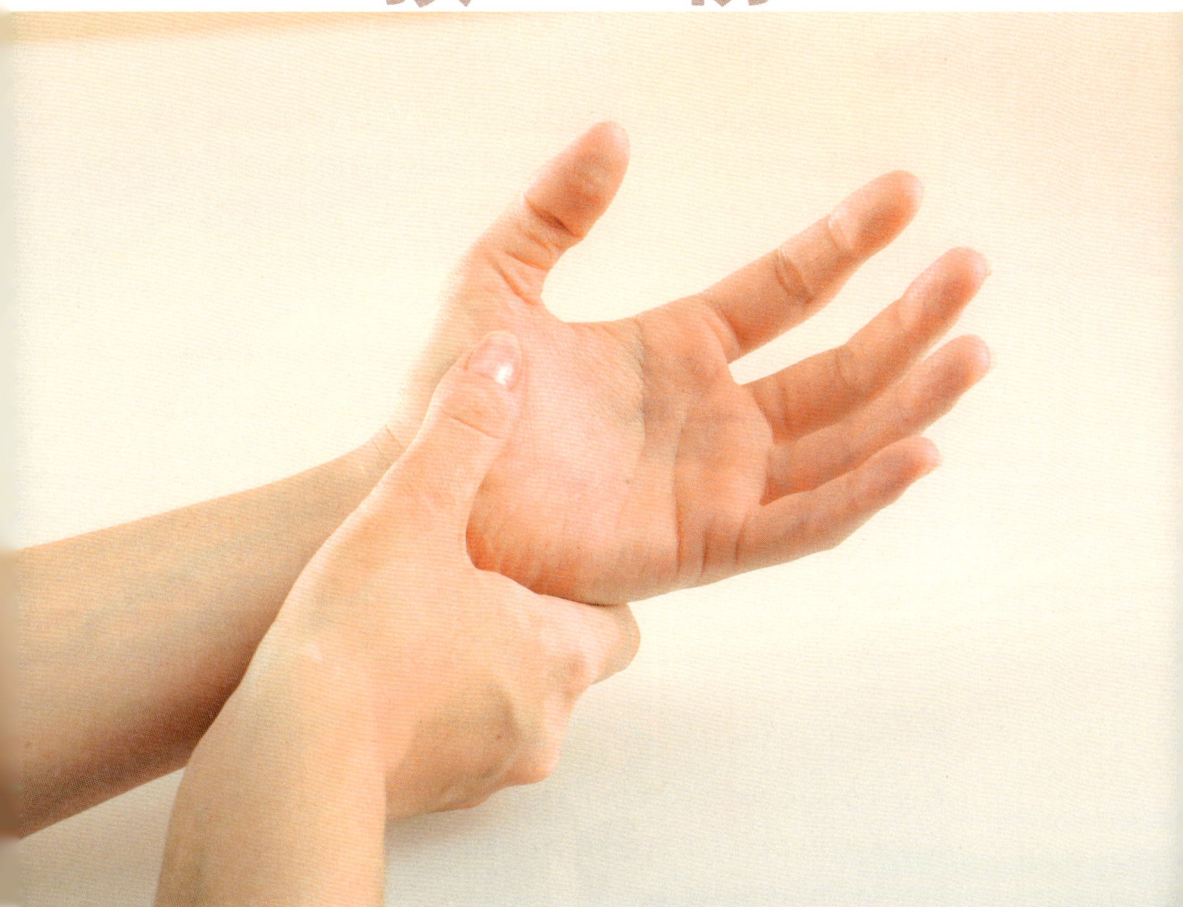

预　防

　　对于隐患与疾病的预防观念，不仅在音乐家的职业领域中，而且在生活中的各个领域，都在逐渐加强。而与乐器相关的预防工作只是整体预防工作的一小部分。如同第二章节所提到的，身体的负荷是由演奏乐器时的挑战以及日常生活中的不良姿势和习惯共同造成的。乐器演奏不会是身体产生负担的唯一因素，因此，预防工作也不能只局限在乐器演奏的范围。

行为预防以及条件预防

　　预防工作的目的，顾名思义，是为了避免疾病的发生。一般来说，可以将预防工作分成三个阶段。

　　第一阶段的预防工作着重于改善整体的健康状况并防止疾病的发生。第二阶段预防工作的目的则是在疾病发生的初期就能及时发现，并进行治疗。第三阶段的预防工作主要防范疾病的复发、减缓疾病恶化和扩散的速度。根据音乐家的年龄以及身体状况的不同，可能会有以上三种预防工作同时出现的情况。

　　同时，行为预防以及条件预防都在整体预防工作中扮演着相当重要的角色。行为预防，也就是通过传播正确的知识和观念，指导每个人如何避开健康风险，并建立一套对健康有益的日常生活行为模式。条件预防则关注生活中不同的领域，例如工作、休闲、生活环境以及家庭，人们在这些领域中建立起对健康有利的条件从而降低疾病风险。

　　教育和传播正确的观念是行为预防和条件预防工作中重要的一个媒介。以行为和条件预防为基础，可以构建起一套音乐家个人专属的预防系统。

- 创造适合的生活工作环境
- 日常生活中以及演奏乐器时动作的协调性
- 用耳朵仔细分辨细微的声音变化

第六章 预 防

创造适合的工作环境

创造适合的工作环境属于条件预防的一环，并可以细分为和乐器无关的环境以及和乐器相关的环境。

在观察自己周遭和乐器无关的工作环境时，需要注意下列几点：

- 适当的椅子高度、椅面和靠背的状态
- 适当的谱架高度和位置
- 适当的温度和湿度
- 充足的光线
- 清晰的乐谱
- 空间大小和音响效果都合适的琴房

在职业安全和医学研究领域中有以上要点的详细参考数据，由于篇幅有限的，在此不一一列出。

和乐器相关的环境则是由所有和音乐及乐器相关的外在因素共同组成的。在此需注意下列几点：

- 选择适合的曲目
- 选择适合的乐器
- 符合人体工学的乐器和配件
- 设计出合适的乐器演奏的练习计划（参考第16页的乐器演奏练习守则）
- 信任乐器指导老师

日常生活中以及演奏乐器时动作的协调性

在执行一个协调的身体动作时，执行动作的关节会位于正中的位置，肌群要具有稳定的重心且动作的轴面位置要正确。达到以上三个条件，就能够平均分配身体中的张力与压力并有效地保护身体组织结构。而要使这些对身体有利的条件能够持续存在，则需要建立一套适当的行为模式。

也就是：

- 良好的演奏技巧
- 演奏乐器时以及日常生活中平衡、良好的姿势

日常的预防工作可以根据个人的优势和劣势进行不同调整。第二章所提到的自我检查和他人帮忙观察，有助于找到预防工作的助力点。而借由改善日常生活中的不良习惯动作以及定期执行适合的训练计划，即可有效达到行为预防的效果。

用耳朵仔细分辨细微的声音变化

演奏乐器时出现的身体症状往往是身体长时间处于某种协调性不佳的状况下造成的后果。不协调的动作模式往往难以在第一时间被察觉，因而就会进一步衍生为演奏时出现的身体的困扰。然而，通过训练自己的耳朵分辨细微的声音变化，就能够在症状尚未形成的阶段及时发现问题。试着在演奏时仔细聆听乐器发出的声音，感觉声音共鸣的改变。声音听起来紧绷且缺乏变化即代表身体内部的张力分配并不理想。而在这个阶段，尽管音乐表现出了征兆，但是身体却尚未出现症状。因此，善用自己的听觉，不仅能帮助自己改善音乐表现，更可以预防身体问题的发生。

第六章 预 防

乐器指导老师在预防工作中所扮演的角色

乐器指导老师肩负着音乐教学的重大责任。而理想的课程内容，其教学目标不应该只着重于提升学生演奏乐器的能力，还应该帮助学生了解各种和音乐相关的领域，其中就包含了正确的预防观念。

首先，最重要的就是根据学生的年龄特征传授正确的姿势和技巧，并在必要时及时予以纠正。纠正时，不建议以身体可能会出现的不适症状作为"威胁"，而应该通过鼓励，让学生追求更舒适的演奏方式和良好的音乐表现。

而在为学生选择曲目和培养乐器演奏习惯的能力时，也要特别注意因材施教。给学生选了过于困难的乐曲，容易造成学生用不利于健康的姿势演奏。建议可以在教室里张贴练习乐器演奏的守则，或陪学生一起设计一套在家适用的练习计划和时间表，以帮助学生尽早养成良好的习惯，例如在练习乐器演奏过程中定时休息，练习前热身，练习后做舒缓运动。在学习的最初阶段就养成良好习惯的学生，日后较不容易用超出身体负荷的方式练习和演奏乐器。

作为老师，自己以身作则也会对学生产生非常重要的影响。所以无论是在家，还是在课堂上，都要自觉地在演奏乐器之前调适好身体状态。如果老师只在教导学生时强调预防工作的重要性，自己却不重视，就容易让学生忽视甚至怀疑这些身体训练的重要性。

在学生准备考试或音乐会时，可以和他一起制定一个具体的练习策略。这不仅要包含练习乐器的时间表，也要考虑对于紧张和怯场的应对。在考试前往往会增加练习乐器的时间，而身体不适的症状就会更加频繁地出现。同时精神上的压力也会导致肌肉更容易紧绷，从而进一步加剧疼痛。为了避免这些状况发生，需要审慎地事前规划，并指导学生如何有效地缓解恐惧感。

第六章　预　　防

　　在教学过程中进行有效的预防工作，需要良好的师生关系作为基础。师生之间要具备足够的信任，才能让学生在遇到身体问题时及早求助老师。有时，学生会因害怕老师认为自己不够优秀而隐瞒自己所遇到的困扰。这会让这些身体内的问题更加根深蒂固，并影响音乐表现。老师如果感觉到学生可能受到某些问题的困扰，建议开诚布公地和学生沟通，并提供不同的解决方案。如果问题本身超出了老师的专业范围，则可以请学生向相关领域的人士，如受过专业训练的医生或治疗师，寻求进一步的帮助。有时，乐器制作师能够通过调适乐器使其符合人体工学条件来提供有效的帮助。

承受负荷较重的身体部位

　　有效的预防工作不仅和乐器本身，也和演奏者的个人生理条件有密切的关系。由于每个人生理条件不尽相同，所以在此无法为每种乐器明确列出合适的练习。

　　下面的例子可以帮助我们了解个人生理条件所造成的差异：试着想象有两位小提琴家，一位驼背，一位则是背部像军人一样过度挺直。尽管演奏同样的乐器，但是由于身体姿态上的不同，两人需要进行的身体训练就会完全不同，甚至完全相反。两人唯一的共通点就是小提琴这个乐器本身对他们的身体所带来的考验。

　　对于驼背的那位小提琴家来说，需要的是加强脊椎向上拉伸的练习（例如第48页**双臂平举练习**，第46页**胸椎扭转练习**，第55页**重心练习和平台式练习**）并搭配为肩颈部位——演奏小提琴特别需要的身体部位——所设计的练习。而背部过度挺直的那位小提琴家则需要加强上身灵活度的练习（例如第64页**风车练习**，第85页**甩手练习**以及第46页**胸椎弯曲练习**）并同样搭配加强肩颈的练习。

第六章 预　　防

第12页的"成因与习惯"对自身姿势的分析已经有详细的说明。只要找出因自己的乐器所特别需要承受较大负荷的身体部位，就可以设计出一套理想的预防计划。相关守则、时间以及频率可参见第19页开始的内容。

本书有意跳过了可能会出现的各类身体症状，因为演奏乐器造成身体部位承受负荷并不会必然导致出现具体症状。只要找出自己的乐器所特别要求的身体部位并通过灵活度、力量、伸展性、耐力以及协调性等五个方面进行训练即可。为了便于读者找出合适的练习，下面的内容会先列出身体部位，之后再以上述五个方面为考量，有针对性地列出具体训练目标。

针对各种乐器演奏者的预防工作

所有的乐器演奏者都必须保持长时间的站姿或坐姿，而要达到这项要求，身体必须具备强健的躯干肌群作为支撑。除此之外，端正的姿势、腹背肌群的耐力和稳定性以及手臂和手部动作之间的协调性也至关重要。

帮助改善躯干稳定性的练习有：第95和96页的改善姿势计划表、第98页的改善核心稳定性计划表、第37页的的对角伸展练习、第48页的双手平举练习、第49页的弹力带挺胸练习、第55页的重心练习和平台式练习，以及第56页的背部和腿部的延展坐姿练习。

帮助改善站姿稳定度的练习则可以由第88页开始的"站与坐"练习中挑选。

小提琴与中提琴

颈椎：灵活度，伸展性

肩关节：灵活度，力量，伸展性，协调性

下臂：伸展性

手腕：灵活度

对于中提琴演奏者来说，左肩关节、手臂和手指的负担会随着乐器的体积改变而增加或减少。要是演奏较大的乐器，建议加入帮助肩关节置中及伸展的练习，并将重点放在左肩，再搭配第77页的手指稳定性练

第六章 预 防

习和第68页的器材练习来达到最佳的预防效果。

大提琴

腰椎：	灵活度，力量，协调性
颈椎：	力量，伸展性
肩关节：	灵活度，力量，伸展性，协调性
手腕：	灵活度，伸展性
大拇指与其余手指：	力量，伸展性
右手大拇指：	放松，按摩

低音提琴

腰椎：	力量，协调性
胸椎：	灵活度，力量，伸展性，协调性
颈椎：	力量，伸展性
肩膀：	灵活度，力量，伸展性，协调性
下臂：	伸展性
手掌与手指：	力量，协调性

低音提琴演奏者需要通过进行具有一定阻力的练习才能改善左手手指的力量和稳定性。可以搭配攀岩的特殊训练器材，让大拇指和其他手指通过抗衡金属弹簧的阻力来加强力量。

长笛

胸椎：	灵活度，力量，伸展性，协调性
颈椎：	灵活度，力量，伸展性，协调性
肩膀：	灵活度，力量，伸展性，协调性
下臂和手腕：	灵活度，伸展性
大拇指和其余手指：	力量

双簧管，单簧管，竖笛

胸椎：	力量，伸展性，协调性

第六章 预　　防

    颈椎：　　　　　　　　　灵活度，力量，伸展性
    肩膀：　　　　　　　　　灵活度，协调性
    大拇指和其余手指：　　　力量，协调性

  英国管演奏者需要特别注重胸椎和颈椎肌群的力量训练，并改善右手大拇指的稳定性。

低音管和萨克斯管
    胸椎：　　　　　　　　　力量，协调性
    颈椎：　　　　　　　　　灵活度，力量，伸展性，协调性
    肩膀：　　　　　　　　　灵活度，力量，伸展性，协调性
    下臂和手腕：　　　　　　灵活度，伸展性
    大拇指和其余手指：　　　力量

圆号
    腰椎：　　　　　　　　　力量
    胸椎：　　　　　　　　　灵活度，协调性

小号
    胸椎：　　　　　　　　　力量，协调性
    颈椎：　　　　　　　　　力量
    肩膀：　　　　　　　　　力量，协调性

长号
    胸椎：　　　　　　　　　力量，协调性
    颈椎：　　　　　　　　　力量
    肩膀：　　　　　　　　　力量，协调性
    手掌和手指：　　　　　　灵活度，协调性

大号，低音长号，倍低音管，中音萨克斯管
  由于这些乐器较重，所以加强脊椎的耐力相对重要些。合适的练习

第六章 预 防

包括所有为胸椎、腰椎、颈椎、肩膀和双臂设计的力量和协调性练习。建议进行这些练习时可以通过增加重复次数、训练重量（哑铃、拉绳机）或配合健身房的训练和器材来增加训练强度。在携带大型乐器时，尽量选择能够减轻背部负担的乐器盒或背带。尽可能将乐器重量平均分配在整个背部，并避免用单边肩膀承受所有的重量。乐器重量越重，使用符合人体工学的辅助工具就越重要。善用支架、坐垫等辅助器材来减轻身体负荷。

吉他

腰椎：	灵活度，力量，伸展性
胸椎：	力量，伸展性，协调性
下臂与手腕：	灵活度，伸展性，协调性

竖琴

腰椎：	力量，协调性
胸椎：	灵活度，协调性
颈椎：	力量，伸展性
肩膀：	力量，伸展性，协调性
下臂和手腕：	灵活度，伸展性

钢琴和羽管键琴

胸椎和腰椎：	力量，协调性
颈椎：	力量，伸展性，协调性
肩膀：	灵活度，伸展性，协调性
下臂和手腕：	灵活度，伸展性
手掌和手指：	力量

羽管键琴的琴键灵敏，演奏时的坐姿需要极度稳定。因此，羽管键琴演奏者需要将预防工作的重心放在加强脊椎的稳定性、力量以及手腕的灵活度上。

第六章 预　　防

管风琴

胸椎和腰椎：	力量，协调性
颈椎：	力量，伸展性，协调性
肩膀：	灵活度，伸展性，协调性
下臂和手腕：	灵活度，伸展性
手掌和手指：	力量

演奏管风琴时，由于缺少双脚和地面之间的接触，腹背肌群需要花更多的力气来稳定身体。所有的力量练习都要增加重复次数来增加训练强度，以改善肌肉耐力。通过健身房训练器材的辅助也可以达到很好的训练效果。"环绕放松练习"（第28页）则有助于加强脚踝关节的灵活性。

打击乐器（涵盖所有打击乐器）

胸椎和腰椎：	力量，协调性
颈椎：	力量，伸展性，协调性
肩膀：	灵活度，力度，伸展性，协调性
下臂和手腕：	灵活度，伸展性
手掌和手指：	力量，协调性

打击乐器的演奏与其他乐器相比，对于力量和稳定性的要求相对更高。所以建议通过增加重复次数并配合训练器材来加强腰椎以及肩膀和上臂的力量（可参照低音号等乐器的练习）。而第98页改善核心稳定性的训练计划表也非常适合打击乐器演奏者。

携带和运送打击乐器的注意事项与之前所述大型乐器的携带方法基本相同。

指挥

腰椎和颈椎：	灵活量，力量，伸展性，协调性
胸椎：	加强肩胛骨的稳定性
肩膀：	灵活度，协调性
手腕：	灵活度

附　　录

表演艺术人员和特殊治疗机构相关资讯

下列各国网站提供了关于音乐家治疗及音乐生理学的资讯，以及相关会议和研究报告的资料。而各领域的专业医师、理疗师和老师的连络方式也可以在这些网站上获得。

除此之外，也可以在自己所在的国家寻找相关机构或团体。

澳大利亚

澳大利亚表演艺术人员医疗学会

www.aspah.org.au

奥地利

奥地利音乐医学学会

www.oegfmm.at

法国

法国艺术医学学会

www.medecine-des-arts.com

德国

德国音乐生理学与音乐家医疗学会

www.dgfmm.org

英国

英国表演艺术人员医疗联盟

www.bapam.org.uk

荷兰

荷兰舞蹈和音乐表演艺术人员医疗联盟

www.nvdmg.org

瑞士

瑞士音乐家医疗学会

www.musik-medizin.ch

美国

美国表演艺术人员医疗联盟

www.artsmed.org

关 于 作 者

　　亚历山德拉·蒂尔克·埃斯皮塔利耶博士（Dr. Alexandra Türk-Espitalier，MSc）是一位在音乐生理学和音乐家伤害预防领域享有国内外声誉的专家。她同时拥有长笛演奏、音乐教育学、物理治疗的学位，身兼长笛演奏家以及物理理疗师的双重身份。她在奥地利维也纳音乐与表演艺术大学（University for Music and Performing Arts Vienna）以及德国法兰克福音乐与表演艺术大学（Frankfurt University for Music and Performing Arts）举办讲座，她的教学以及研究的工作重心是：治疗并预防在音乐演奏过程中，相关的肌肉骨骼损伤以及通过生理锻炼的方式提高演奏者的音乐表现力。在她的帮助之下，许多音乐家得以在受伤之后重返舞台。

　　埃斯皮塔利耶博士撰写并参与合著多部关于音乐家如何预防受伤，锻炼并设计练习计划的出版物。而她也在世界各地的乐团、音乐组织和大师课通过演讲和教学的方式，传授关于预防伤害的相关知识给音乐家和音乐老师。

　　想得知更多相关资讯，欢迎前往下列网址：www.music-physio.com

致　　谢

　　一本书的写作和出版，是许多人共同合作的结果。《演奏家身体强化训练》这本书从创作到出版的过程中，获得了许多人的帮助，在此我想对他们表达我的谢意。

　　首先，非常感谢上海音乐出版社社长、总编辑费维耀、国际事业部主任段劲楠和版权经理陆文逸、胡昕，以及德国朔特出版社版权经理莫妮卡·施瑙茨女士和朱迪斯·皮卡德女士。没有他们的热心参与，本书的中文版无法顺利出版。

　　我也要向我的学生——译者王敬尧以及他的助手聂婧文表达我由衷的感谢。虽然我自己无法阅读中文，但是我全心全意地信任他们！敬尧和婧文本身也是长笛演奏家，同时对音乐生理学领域有所涉猎。他们尽心尽力，花了大量时间翻译、修饰文字，使书中对于每个练习的描述都尽可能精准。谢谢你们两位的投入！

　　摄影师热罗姆·葛拉芬施泰因用他杰出的照片为书中的练习赋予了生命。我的好友和学生塔提雅娜、斯特凡、英格和奥莉薇雅则是在照片中专业地示范练习动作。而书中精美的插画则出自乌拉·乌德卢夫特的巧手。谢谢你们所有人！

　　在撰写本书的过程中，几位好友及同事给了我宝贵的建议。谢谢你们——约亨、沃尔夫冈和威廉！

　　我还要向钢琴家郎朗先生致上我深深的谢意。不仅感谢他所写的前言，更感谢他对音乐生理学领域的支持。身为一位活跃于国际乐坛的知名音乐家，他对于健康练习和演奏乐器的身体力行是最好的典范。

　　不过，如果没有与他人分享，拥有再多的专业知识也是空谈。感谢所有信任我的学生和患者，这本书献给你们！

亚历山德拉·蒂尔克·埃斯皮塔利耶博士
2020年于维也纳